AF453845

JACQUES ROULLET

L'AGENCE LEGRIS

DRAME EN SIX ACTES

PARIS

LIBRAIRIE THÉATRALE

30, RUE DE GRAMMONT, 30

—

1909

L'AGENCE LEGRIS

DRAME EN SIX ACTES

Représenté pour la première fois, à Paris, sur le théâtre de l'Ambigu,
le 16 octobre 1908.

JACQUES ROULLET

L'AGENCE LEGRIS

DRAME EN SIX ACTES

PARIS

LIBRAIRIE THÉATRALE

30, RUE DE GRAMMONT, 30

1909

A

SÉVERIN-MARS,

à l'artiste et à l'ami, je dédie ce drame.

J. R.

PERSONNAGES

LEGRIS...................... MM. Séverin-Mars.
ANATOLE................... Rante.
HENRI DELANGE............. Morgan.
BOUDOULE.................. Bélières.
CHARLES VAUTEL............ Juvenet.
WITCHOPFF................. Liézer.
LELONG.................... Blanchard.
SANDRIN................... Bailly.
LOISEAU................... Dervet.
DUPONT.................... Dharbel.
DUBAL..................... Charmy.
EUGÈNE.................... Lemicr.
PREMIER SOLDAT COLONIAL.. Dalaine.
LA POPINGE................ Cosseron.
PITALUGUE................. Orval.
ROUMESTAN .... Busson.
PREMIER MATELOT........... Garbagny.
DEUXIÈME MATELOT.......... Pouget.
DEUXIÈME SOLDAT COLONIAL.. Frédéric.
TROISIÈME MATELOT .... Dupland.
LE GARÇON .... Julien.

MADELEINE .... Mmes Paule Andral, du Théâtre du
                     Vaudeville (en représentations)
BUBUCHE.................. De Mérengo.
MADAME BOUDOULE.......... Stella Daly.
CLARA.................... Jeanne Glado.
VIOLETTE .... Lambert.
UNE POCHARDE............. Vigne-Villon.
SIDONIE.................. Cellack.
EGLANTINE .... Perny.
ZOË...................... Renéjane.
GEORGETTE .... Zéringer.
CARMEN................... Du Peray.
OLYMPE................... Germaine.

SOLDATS, FILLES PUBLIQUES, NERVIS, ETC.

PERSONNAGES (suite)

NOMENCLATURE DES TABLEAUX

Premier Tableau. — **A l'Hôtel Coustou.**
Deuxième Tableau. — **L'Agence Legris.**
Troisième Tableau. — **Les Deux Serviettes.**
Quatrième Tableau. — **Le Piège.**
Cinquième Tableau. — **A Toulon, le Quartier du Chapeau-
Rouge.**
Sixième Tableau. — **Vengeance de femme.**

La scène est à Paris aux quatre premiers actes,
à Toulon aux deux derniers.

Pour la mise en scène s'adresser à M. Séverin-Mars, met-
teur en scène au théâtre de l'*Ambigu*.

L'AGENCE LEGRIS

ACTE PREMIER

A l'Hôtel Coustou.

Une chambre d'hôtel meublé de dernier ordre à Montmartre.
— A droite : premier plan, une fenêtre donnant sur la cour
de l'hôtel. A cette fenêtre est accrochée une glace cassée. Au
second plan une cheminée en stuc gris écorné. A gauche : premier plan, une table toilette avec cuvette et pot à eau, broc
et seau hygiénique, Porte serviette. Au deuxième plan, un canapé. A gauche au fond, une alcôve garnie de rideaux sales,
Lit avec draps et couverture douteuse. A droite au fond la
porte d'entrée. Çà et là, chaises, fantœuil défoncé. Descente de
lit. Table de nuit. Ce bouge donne l'impression d'une misère
crapuleuse.

SCÈNE PREMIÈRE

HENRI, MADELEINE.

Au lever du rideau, Madeleine sur le canapé est entrain de
coudre le bas de sa jupe. Henri finit de s'habiller devant
la glace de la fenêtre.

HENRI.

C'est un véritable supplice, je n'ai pas fermé l'œil !

"

MADELEINE, riant.

Tu as une mauvaise conscience?

HENRI.

Les punaises nous ont dévorés!

MADELEINE.

Je ne m'en suis pas aperçue!

HENRI.

Tu me surprends, ton cou et tes bras sont remplis de cloques!

MADELEINE.

Bah! Les amoureux font-ils attention aux bestioles, dans les bois?

HENRI.

J'aime mieux les bois!

MADELEINE.

Évidemment, nous ne sommes pas à l'hôtel Bristol, mais je ne changerais pas ma place pour celle d'une souveraine!

HENRI.

On ne peut pas être plus aimable, tu vas me rendre fat...

MADELEINE.

Tant pis! Je t'aime, nous sommes enfin réunis, je suis heureuse, il faut bien que je le dise, j'étoufferais sans cela! (Elle va vers Henri dont elle prend la tête entre ses mains pour lui donner un baiser.) O mon chéri! Mon chéri adoré!

HENRI, se défendant mollement.

Allons! Voyons! Madeleine, sois donc raisonnable... Il est tard, nous avons tant de démarches à faire aujourd'hui!

MADELEINE, un peu boudeuse.

Oh ! Ne t'épouvante pas, je ne vais pas te violer ! Comme tu es méchant ce matin !

HENRI, tendrement.

Mais non. mon chéri, je suis préoccupé, nerveux...

MADELEINE.

A cause des punaises ?

HENRI, haussant les épaules.

Ne dis donc pas toujours des bêtises ! (Croisant les bras.) Alors, notre situation ne t'inquiète pas, toi ?

MADELEINE.

Quelle situation ?

HENRI.

La terrible misère où nous nous trouvons. Tu ne souffres pas de vivre dans ce bouge, dans cet hôtel meublé rempli de malfaiteurs et de filles, hôtel que nos ressources ne vont bientôt même plus nous permettre d'habiter ? Toi dont l'existence se passa toujours dans le bien-être et le luxe, tu n'éprouves pas une sorte de honte à te rendre chez des gargotiers, un panier au bras, pour acheter nos maigres repas ? Et les chaussures percées, les robes usées ne te font-elles pas rougir ? Oh ! La puanteur de cette cour, les draps douteux, les familiarités du garçon !...

MADELEINE.

Si tu m'aimais comme je t'aime, tu ne verrais pas tout cela ?

HENRI.

Il ne faut rien exagérer, tu me la fais à l'héroïne de roman, on peut s'adorer et s'apercevoir de la misère !

MADELEINE.

Faut-il que tu sois léger pour ne pas me croire,
pour m'assimiler à une comédienne du sentiment!
Pauvre petit, pauvre bambin! qui n'a pas senti passer le souffle effrayant de la passion! Si tu savais
jusqu'où peut aller mon amour, tu chercherais à
m'abandonner peut-être!...

HENRI, très tendre.

T'abandonner! Oh! Madeleine, peux-tu dire une
chose pareille! Souviens-toi de tout ce que j'ai
laissé pour te suivre : ma situation brisée, ma famille reniée! Hier, j'étais un gros armateur mar-
seillais, l'associé de mon père. Aujourd'hui, je suis
un gueux, une épave jetée sur le pavé de Paris!

MADELEINE.

Tu as des regrets?

HENRI.

Aucun. Tu connais ma sincérité, je serais prêt à
refaire ce que j'ai fait! Nous sommes liés l'un à l'autre pour la vie. La misère me torture, mais je la
supporte, je ne pourrais pas supporter ton absence.

MADELEINE, d'une voix passionnée et tremblante.

Comprends-tu ma joie de t'entendre parler ainsi?

HENRI.

Si je la comprends! Ne se lit-elle pas dans l'éclat
de tes grands yeux? Ton mari était férocement jaloux, prétends-tu? Comment n'avait-il pas deviné
cet amour qui t'auréole pour ainsi dire?

MADELEINE.

Tu ne soupçonnes pas la force de ma volonté, je
te le répète, tu me connais mal... Pourtant, sa mort

nous a sauvés tous les deux, j'étais à bout de courage, un soupçon déjà l'avait effleuré, il aurait su... et rien ne pouvait l'empêcher de se venger.

HENRI.

Bah ! N'étais-je pas là pour nous défendre ?

MADELEINE.

Pauvre petit... nous avions affaire à plus fort que nous !... Mais laissons cela, la destinée s'est chargée de nous protéger !

HENRI.

Certes, jamais maladie ne vint plus à propos. Il est malheureux que je ne puisse pas faire de la réclame à son médecin, je connais certains neveux qui l'adresseraient à leur oncle.

MADELEINE.

Je t'en prie... cette plaisanterie me choque... elle n'est pas de très bon goût...

HENRI.

Excuse-moi ma chérie, un tel cadre me fait oublier que je fus un homme du monde.

MADELEINE, regardant l'heure à la montre qui est dans le tiroir de la table de nuit.

Onze heures et demie ! Il faut me dépêcher de finir ma toilette pour aller aux provisions, boutonne-moi mes bottines, veux-tu ?

HENRI.

Je vais appeler le garçon pour avoir un tire-boutons, peut-être se dérangera-t-il ?

MADELEINE.

Oh ! Certainement, nous lui sommes sympathiques à cet ancien rôdeur.

HENRI.

Très honoré!

MADELEINE.

Je t'assure qu'il a une âme bucolique, il est ému de notre amour.

HENRI.

Pourtant ce gentilhomme devrait être blasé, car il fit longtemps lui même profession d'amant!

MADELEINE.

Sans doute n'aura-t-il pas rencontré une sœur de rêve.

HENRI.

Non, puisqu'il travaille. (Entr'ouvrant la porte et appelant.) Anatole! Hé! Anatole!

LA VOIX D'ANATOLE.

On y va! J'finis l'quatre!

HENRI, refermant la porte.

Il viendra, il est de bonne humeur. Dis donc, Madeleine, tu parles bien facilement de faire les provisions, mais nous reste-t-il quelque argent?

MADELEINE.

Tiens! c'est vrai, je ne pensais pas à cela, je vais voir. (Elle fouille dans un sac à main.) Soixante-quinze centimes, nous pouvons nous offrir un festin!

HENRI.

Et demain?

MADELEINE.

Bah! Demain, nous verrons!

HENRI, serrant les poings.

Oh! A tout prix, à tout prix, sortir de là! Trouver un emploi, n'importe lequel!

MADELEINE, l'enlaçant.

Nul ne peut plus nous séparer! Voilà l'essentiel!!

SCÈNE II

LES MÊMES, ANATOLE.

ANATOLE, entrant sans frapper et voyant le couple enlacé.

C'est-y pour voir ça qu'on m'a appelé ?

HENRI.

Vous pourriez bien frapper, Anatole !

ANATOLE.

Ah! Faites pas de chichi! Y a pas d'mal pour ma vertu, j'en ai vu d'autres! Quoi qu'vous voulez?

HENRI.

Vous ne pourriez pas nous procurer un tire-boutons ?

ANATOLE, cherchant.

P't'être bien, mais y faudrait que j'demande à la Bubuche, et elle est pas visible, elle a un micheton!

HENRI.

Alors dans le matériel de la maison, vous ne trouveriez pas...

ANATOLE.

Si vous croyez qu'tous les clients sont aussi rupins qu'vous. Ceux qu'ont des bottes à boutonner s'servent d'une épingle à cheveux!

MADELEINE.

Il a raison ce garçon. Tiens, Henri, voilà une épingle. (Henri se met en devoir de boutonner les bottines de Madeleine avec l'épingle à cheveux, il s'y prend maladroitement. A Anatole.) Merci, mon ami!

ANATOLE, railleur.

Ah! Chochotte! Y faut qu'son p'tit homme y mette ses ribouis! J'l'en donnerai!

HENRI.

Anatole, je vous serais obligé de ne pas vous adresser à madame en ces termes!

ANATOLE.

De quoi? C'est y qu'on a pas l'droit d'rougir d'voir un mâle perdre sa dignité!

MADELEINE, amusée.

Je m'explique votre indignation, seulement, vous comprenez, j'ai mon corset...

ANATOLE, voyant les efforts stériles d'Henri.

Ah! Tenez! Vous me faites pitié, aboulez ça! (Il lui prend l'épingle et commence à boutonner les bottines de Germaine. Touchant le mollet de Germaine.) Fichtre! c'est potelé! C'est rond!

HENRI, furieux.

Dites donc? vous?

MADELEINE, riant aux éclats.

Ah! ah! ah! Laisse-le donc, il est très drôle!

ANATOLE, à Henri.

Oh! N'vous frappez pas, j'ai rien du satyre! Les femmes! Peuh! J'en ai soupé! Seulement j'ai été d'la partie aut'fois, et comme vot' physique me r'vient, j'vas vous donner un conseil!

HENRI.

Je vous suis très obligé...

ANATOLE, *baissant la voix.*

Méfiez-vous du gonze du 2, il en est!

HENRI.

Vous dites?

ANATOLE.

Ayez l'œil su' l'type qu'est dans la tôle à côté, il est d'la Judée!

HENRI.

Ah! Vous êtes antisémite?

ANATOLE.

C'est-y curieux d'pas comprendre l'français! J'vous dis qu'vot' voisin est une casserole, un flic, un roussin, vous parlez que j' les encombre ces messieurs d' la Tour! Et celui-là, c'est un fameux, c'est l' Bourguignon!

HENRI.

Eh bien! Qu'est-ce que vous voulez que ça nous fasse?

MADELEINE, *un peu troublée.*

Nous ne sommes pas des malfaiteurs!

ANATOLE.

Alors pourquoi qu'y vous r'luque comm' ça? Pourquoi qu'y m'a demandé des tuyaux su' vous?

MADELEINE, *de plus en plus troublée.*

Il vous a parlé de nous?

ANATOLE.

Probab'e! A preuve qu'y m'a r'filé une thune! Y m'prenait pour un mouton, c't'enflé-là! Mais on a des principes!

HENRI.

Il en sera pour ses frais, voilà tout! Nous n'avons rien à nous reprocher!

ANATOLE.

On n'sait jamais dans la vie! En tout cas vous voilà prévenus.

LA VOIX DE BUBUCHE.

Au revoir mon chéri!

ANATOLE, rendant l'épingle à Madeleine.

T'nez ma belle, et maintenant j'mesbigne, j'entends la Bubuche déboucler sa lourde.

LA VOIX DE BUBUCHE.

Totole! Totole!

ANATOLE, en sortant,

Me v'là, ma crotte! Me v'là! Fais pas tant de foin!

Il sort.

SCÈNE III

MADELEINE, HENRI.

MADELEINE.

Que nous veut ce monsieur d'à côté?

HENRI.

Sans doute te trouve-t-il à son goût, et veut-il savoir si tu es susceptible de le bien accueillir?

MADELEINE.

C'est un agent de la sûreté si j'ai bien compris Anatole!

HENRI.

Pour être roussin, on n'en est pas moins homme.

Quant à sa présence dans ce bouge, elle est justifiée.

MADELEINE.

Tu as raison, ce ne peut être que cela !

HENRI.

Dame ! Tu n'as pas de crime sur la conscience ?

MADELEINE.

Tu es bête !

HENRI.

Moi non plus ! Je suis majeur, et si j'ai plaqué mon papa, il n'a pas le droit de me faire rechercher.

MADELEINE.

Allons faire nos courses.

Ils vont pour sortir, quand on frappe à la porte.

HENRI.

Qui est là ?

LA VOIX DE CHARLES VAUTEL, à travers la porte.

C'est moi, Henri ! Charles... Charles Vautel !

HENRI, courant à la porte et l'ouvrant.

Comment, lui ! Charles ! Quelle surprise !

SCÈNE IV

LES MÊMES, CHARLES.

CHARLES, entrant.

Bonjour mes bons amis ! Vous ne m'attendiez pas, hein ?

MADELEINE.

Ah ! Monsieur Vautel ! Comment avez-vous su que nous étions ici ?

CHARLES, riant.

Ma police, chère madame, ma police!

HENRI.

Je commence à croire, en effet, que nous sommes
filés!

CHARLES.

Vrai? Vous vous en êtes aperçus...

HENRI.

Tu plaisantes, qui se serait permis?..

CHARLES.

Ton père, parbleu!

HENRI, à Madeleine.

Alors, la présence du type d'à côté s'explique!

MADELEINE, brusquement très gaie.

Ah! ah! ah! Voilà qui est amusant comme tout!
Nous sommes en plein feuilleton. (A Charles.) Mais
asseyez-vous donc, monsieur Vautel, vous allez nous
expliquer l'intrigue...

CHARLES, faisant une tentative pour s'asseoir dans le fauteuil et se blessant à l'un des ressorts.

Aïe! Non, mes petits enfants, j'aime mieux une
chaise, ce fauteuil est le pal du grand seigneur!
(Regardant autour de lui.) Malgré tous mes efforts pour
être poli, je ne puis sortir le « Gentil chez vous ».
Pourquoi diable être descendus dans un pareil
coupe-gorge?

HENRI.

Voilà!... c'est que...

Il fait le geste de manquer d'argent.

CHARLES.

Tu n'avais pas un sou de côté?

HENRI.

Oh ! Peu de chose et cette pauvre Madeleine s'est
trouvée cousue de dettes à la mort de son mari, nous
n'avons pas pu filer sans les payer. Quant à mon
père, le jour de notre brouille, il m'a demandé des
comptes implacables.

CHARLES.

Mais enfin, pour quels motifs voyait-il ta liaison
d'un si mauvais œil ?

HENRI.

D'abord parce qu'il la trouvait scandaleuse aus
sitôt après la mort du mari de Madeleine, ensuite
parce qu'il ne voulait à aucun prix que j'épousasse
ma maîtresse.

CHARLES.

C'est vrai, Monsieur Delange fut toujours un
homme de principes. Bref, vous voilà tous deux à
la côte, qu'allez-vous faire ?

HENRI.

Dame ! Vaincre ou mourir ! Trouver un emploi
ou nous jeter par la fenêtre.

CHARLES.

Ce n'était vraiment pas la peine de venir à Paris
pour cela.

HENRI.

Fallait-il rester à Marseille ?

CHARLES.

Là, vous eussiez trouvé des amis qui vous au-
raient aidés.

HENRI.

Des amis ? Quand on a connu notre situation,

tout le monde nous a tourné le dos. Et puis, ce
n'était pas possible, nous avions l'un et l'autre occupé un rang trop élevé dans cette ville pour y
traîner une vie misérable

CHARLES.

Tu dois avoir au moins certaines recommandations près des grandes compagnies de navigation ?

HENRI.

Oui, mais partout les places sont occupées. Et
quelles places! Cent cinquante francs par mois !

CHARLES.

Dame ! Tu as trente ans, c'est un peu tard pour
débuter dans une administration! Moi, je ne puis
rien pour toi au ministère de la Marine, n'ayant pas
d'influence, je suis officier attaché à un service tech-
nique, voilà tout! Il faudrait un piston politique '

MADELEINE.

J'ai confiance en notre étoile, nous sortirons de
ce mauvais pas, mon cher monsieur Vautel! Mais
dites-moi, vous nous aviez promis une histoire de
brigands ou plutôt de détectives, nous l'attendons '

HENRI.

Oui, au fait, tu es en relations avec notre mouchard, comment fîtes-vous connaissance ?

CHARLES.

Nous n'avons pas fait connaissance, seulement
j'ai reçu cette lettre.

Il tire une lettre et lit :

« Monsieur l'Enseigne de vaisseau Vautel.

« Monsieur,

« Je n'ai pas l'honneur d'être connu de vous,

« mais je n'ignore pas l'amitié qui vous lie depuis
« l'enfance avec M. Henri Delange, aussi dois-je
« vous prévenir qu'il est en ce moment à Paris, à
« l'hôtel Couston, 3, rue Couston, en compagnie de
« son amie, madame Madeleine Baranti, et que sa
« situation pécuniaire est assez difficile ».

HENRI.

Il manie l'euphémisme cet argousin, comment
signe-t-il ?

CHARLES.

Il ne signe pas, naturellement.

HENRI.

Oui, je suis naïf : dans tous les cas il a droit à
toute ma reconnaissance puisqu'il m'a procuré la
grande joie de te revoir. Tiens, quand tu es entré,
tout mon courage, tout mon entrain me sont reve-
nus.

CHARLES, lui prenant les mains.

Je t'aime bien mon vieux, tu peux compter sur
mon dévouement.

MADELEINE.

Quoi ! Vous n'en savez pas plus long ? Rien ne
prouve que cette lettre émane d'un mouchard !

CHARLES.

Qui peut me l'avoir envoyée alors ?

MADELEINE.

Je ne sais pas.. mais quel but poursuivrait-il ?

CHARLES, riant.

Un but philantropique probablement. Le mysté-
rieux personnage ne devait pas ignorer que pour
rien au monde Henri ne viendrait me voir avant

d'être tiré d'affaire. Il m'a permis de le secourir malgré lui.

Il met un portefeuille dans la main d'Henri.

HENRI, voulant lui rendre le portefeuille.

Non, mon vieux, non, tu n'as que ta solde pour vivre, je n'ai pas le droit...

CHARLES, le repoussant.

Ah! Tu m'embêtes, si tu fais des simagrées avec moi je n'ai plus qu'à m'en aller, tu ne me regardes pas comme ton ami!

HENRI, ému.

Tu nous sauves la vie, merci!

MADELEINE.

Merci de tout mon cœur, monsieur Vautel, je serai encore votre obligée cette fois.

CHARLES.

Comment, cette fois?

MADELEINE.

Vous ne vous souvenez pas d'avoir empêché mon mari de nous surprendre?

HENRI.

A Villefranche, quand tu étais en escadre...

CHARLES.

Dame! C'était la moindre des choses, je voulais éviter un drame, moi! (se préparant à partir.) Allons, mes petits enfants, je me sauve, je suis en retard!

HENRI.

Tu ne veux pas que nous déjeunions ensemble?

CHARLES.

Impossible! Je déjeune avec l'amiral de Préval.

Au revoir, mon vieux, au revoir, chère madame.

HENRI, le reconduisant.

J'espère que nous nous verrons souvent, maintenant!

Charles sort après de vigoureuses poignées de mains.

SCÈNE V

MADELEINE. HENRI.

HENRI.

Ah! Le brave cœur! Puissé-je avoir un moyen de m'acquitter envers lui!

MADELEINE.

Je prise surtout sa délicatesse et son tact! (changeant de ton.) Dis-moi, Henri, tu ne trouves pas étrange la lettre qu'il nous a lue?

HENRI.

Si, pourtant il est possible que mon père nous fasse suivre.

MADELEINE.

Je te l'accorde, mais son intérêt n'est pas de nous procurer des secours.

HENRI.

Il s'agit sans doute de quelque habile manœuvre pour me ramener au bercail, pourquoi chercher à la comprendre?

MADELEINE.

J'aimerais mieux... (Elle interrompt sa phrase en entendant frapper à la porte.) Tiens, on frappe encore...

2

HENRI.

C'est Anatole qui vient faire la chambre. (élevant la voix.) C'est vous Anatole ?

LA VOIX DE LEGRIS, derrière la porte.

Non, c'est monsieur Legris!... Le locataire de la chambre voisine, j'ai deux mots à vous dire...

MADELEINE, arrêtant Henri qui va ouvrir.

Tu vas recevoir cet homme là ?

HENRI.

Certainement! Nous allons rire un peu.

Il ouvre et fait entrer Legris.

SCÈNE VI

LES MÊMES, LEGRIS.

Legris est un homme d'une quarantaine d'années, proprement vêtu. il s'exprime correctement, son aspect est celui d'un voyageur de commerce, mais son regard est d'une vivacité extrême.

LEGRIS.

Bonjour monsieur, madame, je vous présente mes hommages. Excusez-moi de vous déranger au moment où vous alliez sortir, mais je ne vous retiendrai pas longtemps.

HENRI.

Que désirez-vous ?

LEGRIS.

Mon dieu, monsieur, tout d'abord lier connaissance avec des voisins charmants dont je connais, grâce à la fragilité de ces murailles les plus intimes secrets.

HENRI.

Ah! ça! Quelle est cette plaisanterie?

LEGRIS.

De grâce, laissez-moi finir. En second lieu vous rendre un incalculable service en vous procurant le moyen de modifier la situation pénible où vous vous trouvez en ce moment!

HENRI.

Brisons là! Mon père vous a chargé de nous filer et vous venez me faire des propositions en son nom.

LEGRIS.

A mon grand regret, je n'ai pas l'honneur de connaître monsieur votre père.

HENRI.

Alors, qui êtes-vous?

LEGRIS.

Monsieur Legris, commissionnaire en marchandises!

HENRI.

Et vous vivez habituellement ici?

LEGRIS.

Oh! non, vous voulez ma mort! C'est uniquement pour vous que j'y suis!

HENRI.

Tout ceci est très obscur, veuillez vous expliquer?

LEGRIS.

Voulez-vous avoir la complaisance de m'offrir un

siège ? (Henri lui donne une chaise, il s'assied.) En deux mots, voici : Vous êtes jeune, intelligent, rompu aux affaires et de plus homme du monde accompli, vous êtes le collaborateur qu'il me faut, j'ai le plus vif désir de vous adjoindre à moi.

HENRI.

Et qui vous a donné de si bons renseignements sur ma personne ?

LEGRIS.

Un ami qui habite Marseille !

HENRI.

Vous êtes bien informé ?

LEGRIS.

Assez bien. Mais si vous le voulez, ne recherchons pas de quelle façon j'ai connu votre fuite à Paris, et votre installation dans cet hôtel de... (Il sourit.) second ordre, cela nous entraînerait trop loin et nous ferait perdre un temps précieux. Je sais que vous mourez de faim, (les subsides de votre ami ne vous mèneront pas très loin et je viens vous offrir vingt mille francs d'appointements fixes et dix pour cent sur les affaires que vous traiterez.

HENRI.

De quel genre sont ces affaires ?

LEGRIS.

Ah ! Voilà... Nous en sommes au point délicat! De quel genre ? Voyons, vous avez de l'esprit, vous vous doutez bien que s'il s'agissait de placer des vins je ne vous offrirais pas vingt mille francs et que je ne viendrais pas vous trouver ici ?

HENRI.

J'en suis convaincu, aussi vous répondrai-je en
vous montrant cette porte !

LEGRIS.

Ah ! ah ! ah ! Mon cher monsieur, permettez-moi
de rire, vous faites là, je vous assure, d'inutiles
effets de mise en scène ?

HENRI, marchant sur Legris.

Nous allons voir si...

LEGRIS, se levant et se dirigeant vers la porte.

Ne vous donnez pas la peine, je vais m'en aller.

Il va pour sortir.

HENRI.

Non, restez ! De quoi s'agit-il ?

LEGRIS.

Bon, enfin, nous allons pouvoir causer sérieuse-
ment. (Il se rassied.) Voyez-vous, cher monsieur, je
suis un homme qui a une certaine expérience des
hommes. Dans votre situation, vingt ou trente
mille francs par an ne se refusent jamais. Du reste
mes exigences ne sont pas tellement énormes... Je
vous demanderai de m'aider dans quelques en-
quêtes discrètes, de me rabattre certains clients
pressés d'argent, de me rendre enfin tous bons
offices que je réclamerai et ceci sans vous exposer le
moins du monde à des ennuis judiciaires. Officiel-
lement, vous serez le premier employé de la maison Legris et Cie.

HENRI.

Somme toute, c'est ma conscience que vous voulez payer vingt mille francs par an ?

LEGRIS.

C'est une preuve de la grande estime où je la
tiens.

HENRI.

Monsieur Legris, je n'ai jamais été malhonnête,
je ne sais pas du tout si je parviendrai à le devenir
ou si tout au moins le remords me sera moins pénible que la misère.

LEGRIS.

Permettez alors à un homme averti de vous donner quelques conseils. Vous n'avez pas, je crois, de
principes religieux ?

HENRI.

Non.

LEGRIS.

L'honneur n'est donc pour vous qu'une élégance,
qu'un bijou de famille, pour ainsi dire, auquel
vous tenez, je le conçois, mais dame ! Il est des
heures dans la vie où l'on est obligé de mettre ses
bijoux de famille au clou. Pour vous la chose est
d'autant moins pénible que vous pouvez conserver
la reconnaissance. Je ne vous expose en aucune
façon à noircir votre casier judiciaire, je vous le
répète, vous pourrez donc, plus tard, distribuer
des prix de vertu si cela vous fait plaisir.

HENRI.

Vous êtes un sophiste très remarquable, monsieur Legris !

LEGRIS.

Je suis un penseur, voilà tout, depuis longtemps
je ne prends plus la comédie humaine au sérieux.
Allons ! Jeune homme, tapez dans cette main, dans
cette main plus loyale que vous ne pensez et sui-

vez-moi sur la route de la fortune! Et puis, vous
parlez facilement d'accepter la misère. Pour vous
seul, passe encore, mais pour la délicieuse compagne de votre vie...

MADELEINE.

Ah! Je vous en prie, monsieur, ne me mêlez pas
à ce débat.

LEGRIS, regardant Madeleine dans les yeux.

Je tiens, vivement, au contraire à vous y mêler
et vous m'en devrez une reconnaissance éternelle.

HENRI, qui se promène, agité.

Laissez-moi, je vous donnerai une réponse demain.

LEGRIS, d'un ton plus impérieux.

Demain! trop tard. je quitte l'hôtel aujourd'hui
même.

HENRI.

A quoi vous servirait une promesse légèrement
donnée qu'il me serait facile de renier ensuite?
Nous n'allons pas échanger un traité, je suppose.
On n'engage pas sa parole à un coquin. Je ne vous
appartiendrai que lorsque nous aurons notre premier cadavre entre nous.

LEGRIS, à Madeleine.

En toute conscience, madame, ne trouvez-vous
pas que votre ami dramatise les choses? Un cadavre entre nous! Voilà une figure de rhétorique
un peu trop forte! (A Henri.) D'un autre côté, cher
monsieur, vous parlez des coquins avec une inex-
périence touchante. Sachez qu'ils ont un respect
absolu pour la parole donnée et que si quelqu'un
avait la folie de ne pas la tenir envers eux, ils en

tireraient tôt ou tard une vengeance éclatante !

HENRI.

J'entends votre menace, mais moi, quel recours puis-je avoir contre vous si vous n'exécutez pas vos engagements ? Je vous connais depuis dix minutes.

LEGRIS.

Seigneur ! Où allons-nous ? Si la confiance ne règne plus, les affaires deviennent impossibles ! Monsieur Henri Delange, vous n'êtes guère audacieux, et sans mon arrivée providentielle, vous ne vous seriez jamais sorti d'embarras. Mais tenez ! Je vais calmer vos craintes à mon égard. Voici un chèque de quarante mille francs représentant deux années de vos appointements. Allez jusqu'à la prochaine succursale du Crédit Lyonnais, touchez-le et faites-vous ouvrir un compte. je vous attendrai ici.

HENRI, prenant machinalement le chèque et regardant Madeleine.

Aurais-tu le courage de supporter la misère à présent ?

MADELEINE, que Legris ne quitte pas des yeux, d'une voix altérée.

Non... Va...

Henri sort.

SCÈNE VII

MADELEINE, LEGRIS.

LEGRIS, il va à la porte, s'assure qu'Henri est parti, puis revient vers Madeleine.

J'ai toujours admiré la finesse des femmes. Vous m'avez compris ?

MADELEINE.

Quoi donc ?

LEGRIS.

J'ai votre secret.

MADELEINE.

Quel secret ?

LEGRIS.

Allons ! ma petite, ne perdons pas notre temps à
bavarder inutilement. Je sais que, vous avez empoisonné, monsieur Baranti, votre mari.

MADELEINE.

C'est faux ! vous mentez ! C'est faux !

LEGRIS.

Calmez-vous, je ne viens pas vous arrêter, je ne
fais plus partie du service de la sûreté depuis longtemps.

MADELEINE.

Je vous dis que vous êtes un misérable ! que
cette accusation...

LEGRIS, lui coupant la parole.

Suffit ! Taisez-vous un peu. Je vais vous montrer
votre dossier ? (Il tire un grand portefeuille de sa poche
et en extrait des papiers.) Voici une lettre que vous
écrivait le médecin qui a délivré le permis d'inhumer. Cette lettre comme presque toutes celles que
je possède, vous l'aviez déchirée et jetée dans votre
seau à toilette, de pieuses mains l'ont recueillie
et reconstituée. Entre autres choses, le carabin disait: (Il lit.) « Si vous continuez à me fuir et à ne pas
me répondre, je suis capable de toutes les folies, je
me dénoncerai au besoin, je dirai comment j'ai donné
le permis d'inhumer votre mari... (Madeleine va pour

lui prendre la lettre, mais il a vu son mouvement, il l'évite.) Quelle imprudence ! Il fallait brûler un document de cette valeur ; mais l'amour tourne si bien les cervelles... (Remettant la lettre et prenant un autre papier.) Tenez ! Encore une pièce curieuse : une page arrachée à un manuel de toxicologie au mot arsenic. Je possède le volume auquel cette page fut empruntée, sur la couverture, vous avez écrit votre nom. La déchirure est irrégulière et les morceaux se rejoignent admirablement. (Pendant ce temps, Madeleine s'approche de la cheminée, y prend un revolver et vise Legris. Celui-ci qui a suivi le manège de Madeleine, lui saisit le bras et le lui tord, il prend l'arme et se met à rire.) Ah ! ah ! ah ! Vous avez un caractère énergique, vous n'hésitez pas comme votre amant ! Ce pauvre Legris aurait voulu vous violer et paf ! D'un coup de rigolo... Enfant ! va... Du reste le résultat aurait été assez mince. Ces pièces, sachez-le ne sont que des copies et d'incomplètes photographies, j'ai mis les originaux en lieu sûr. Si je viens à mourir de mort violente, j'ai donné des ordres pour qu'on fasse le nécessaire aussitôt. Priez le ciel qu'un apache ne me chourine pas !

MADELEINE, farouche.

Alors, que voulez-vous de moi ?

LEGRIS.

Instinctivement, vous avez comblé un de mes désirs tout à l'heure. Pour l'avenir vous n'aurez qu'à exécuter mes ordres.

MADELEINE.

Vous ne me séparerez jamais d'Henri ?

LEGRIS.

Ça vous pouvez en être sûre !

MADELEINE.

Me rendrez-vous un jour le dossier ?

LEGRIS.

Plus tôt que vous ne pensez. Et puis, en voilà assez ! Je donne des ordres, on ne m'interroge pas ! (Entendant Henri qui monte.) Tenez, voici votre amant !

SCÈNE VIII

Les Mêmes, HENRI.

LEGRIS, à Henri qui rentre, avec l'argent.

Eh bien ! Mon compte est-il créditeur ?

HENRI.

Certainement ! à moins que vous n'ayez fait un faux !

LEGRIS.

Je ne fais jamais de faux, mon cher ami. Du reste, vous apprendrez à me connaître...

Rideau.

ACTE DEUXIÈME

L'Agence Legris.

Les bureaux de Legris, composés d'un grand bureau et d'un petit. Le grand bureau, celui de Legris est ainsi disposé, à droite, premier plan, un coffre-fort, un porte-manteau, une petite porte masquée, deuxième plan, une fenêtre munie de rideaux. Au fond droite, une cheminée surmontée d'une glace. A gauche, premier plan : une porte, une petite table ; deuxième plan : un canapé servant de lit de camp à Loiseau, à droite au fond, une porte donnant sur un magasin où sur des casiers cloués au mur sont rangés différents échantillons de marchandises. Cette porte est tout simplement vitrée. Dans ce magasin, à droite se trouve une autre porte donnant sur le bureau de Loiseau, lequel bureau prend jour par un guichet sur le bureau de Legris. Le cabinet de Legris est très confortable, mais sévère. Larges fauteuils, chaises en cuir. Électricité sur les deux bureaux.

SCÈNE PREMIÈRE

LOISEAU, seul.

Au lever du rideau, Loiseau assis à son bureau écrit une lettre.

LOISEAU, écrivant.

« En réponse à votre honorée du... (Il s'arrête.)

Et dire qu'il faut répondre à tous ces gens-là ! La
barbe ! (Il se remet à écrire.) « 25 courant, nous avons
» l'honneur de vous prévenir »... (Il s'arrête.) S'il
n'y avait que leur argent pour nous faire vivre !...
(Il se remet à écrire.) « que la série dont vous nous
parlez... » (On frappe au dehors, cessant d'écrire.) En-
trez !

SCÈNE II

LOISEAU, DUPONT.

DUPONT, type d'un boutiquier quelconque.
Monsieur, j'ai bien l'honneur de vous saluer...

LOISEAU.
Vous désirez, monsieur ?

DUPONT.
Monsieur Legris est-il arrivé ?

LOISEAU.
Non, pas encore, mais il ne tardera pas...

DUPONT.
Oh ! Je n'ai pas absolument besoin de le voir per-
sonnellement, vous devez être au courant de l'affaire... la satinette pour la maison Dupont...

LOISEAU.
Oui, en effet, eh bien ?

DUPONT.
On ne nous a rien livré...

LOISEAU.
Vous me surprenez !...

DUPONT.

C'est comme cela pourtant, et vous devez savoir qu'à la date où nous sommes, ce retard me cause un préjudice énorme. Je suis peut-être la seule maison de confection de la place qui n'ait pas commencé ses modèles d'été...

LOISEAU.

J'en suis désolé...

DUPONT, se montant.

Vous avez l'air de ne montrer aucune inquiétude de trouver ça tout naturel...

LOISEAU.

Que voulez-vous que j'y fasse ?

DUPONT, tout à fait furieux.

C'est trop fort par exemple ! Nous sommes le 26, d'après notre marché, je devais avoir ma satinette le 15, je vous ai écrit deux fois, la seconde fois par pli recommandé, et vous me répondez sur ce ton-là ? Vous vous payez ma tête !

LOISEAU.

Adressez-vous au patron au lieu de me brailler dans les oreilles.

DUPONT.

Insolent ! Nous verrons bien si... (A ce moment, entre Legris par la porte gauche.) Ah ! Voilà M. Legris !

SCÈNE III

LES MÊMES, LEGRIS.

LEGRIS, saluant Dupont.

Bonjour, monsieur. Vous discutiez assez vivement avec mon employé. Qu'y a-t-il donc ?

DUPONT.

Votre employé est un grossier personnage...

LOISEAU.

Ah ! Permettez, je...

LEGRIS, à Loiseau, durement.

Taisez-vous monsieur, je n'admets de votre part aucune explication, il suffit qu'un client soit mé content pour que vous ayez tort.

DUPONT.

A la bonne heure, voilà qui est parler en vrai commerçant !

LEGRIS, à Dupont.

Avant toute chose, acceptez mes excuses les plus sincères... veuillez vous asseoir je vous prie, et me dire...

DUPONT.

Voilà, je suis M. Dupont de la maison Dupont, rue Réaumur...

LEGRIS.

Et vous veniez réclamer votre satinette. Il y a eu une erreur de camionnage, elle est livrée chez un autre client depuis le 15, je suis absolument désolé de ce contre-temps, dont je viens d'être avisé à l'instant même seulement. J'ai fait le nécessaire, vous recevrez la marchandise cet après-midi.

DUPONT.

Dans ces conditions, je n'ai plus qu'à me retirer...

LEGRIS.

Pas avant toutefois de m'avoir cité les phrases incorrectes que mon employé vous a dites...

DUPONT.

Non, non, laissons cela, je ne veux pas la mort du pécheur, une petite semonce lui suffira ? (Prenant congé.) Au revoir, monsieur.

LEGRIS, reconduisant Dupont.

Monsieur, je vous salue bien...

Dupont sort.

SCÈNE VI

LEGRIS. LOISEAU.

LEGRIS.

Est-ce que tu deviens fou, Loiseau ?

LOISEAU.

Pas le moins du monde patron, je déteste les raseurs, voilà tout.

LEGRIS.

Combien de fois faudra-t-il te répéter que je tiens à la bonne réputation de ma maison de commerce ?

LOISEAU.

Vous avez donc l'intention de faire fortune en
vendant de la satinette ?

LEGRIS.

Dire que j'ai travaillé pendant des années avec
cet être-là et qu'il est toujours aussi bête ! Il en
est encore à la fausse-barbe et au déguisement de
carnaval ! Il se figure qu'il suffit de prendre une
étiquette pour détourner les soupçons ! Mais tout le
monde serait capable de pratiquer notre profession
dans ces conditions-là ! Elle demande plus de finesse, plus de ténacité, plus de génie, entends-tu ?

LOISEAU.

Certainement patron, je comprends qu'il faut
entrer dans la peau du personnage que nous jouons,
donner de la vraisemblance...

LEGRIS.

Laissons la vraisemblance au théâtre, ici nous
sommes dans la vie. La maison Legris doit mener
ses affaires comme toutes les maisons de commerce
du monde et ne pas se donner certaines allures capables d'éveiller l'étonnement. Et puis ma clien-
tèle est une force qu'il importe au premier chef de
ne pas négliger. Si je la contente, elle publie partout mes vertus et fait de moi un personnage inat-
taquable. Si je la rends hostile, elle peut mettre
en circulation milles calomnies, et la calomnie,
échappant à toute prévision est impossible à com-
battre.

LOISEAU.

Comme toujours vous avez raison, patron, je suis
un sot !

LEGRIS.

Oui, Loiseau, tu n'es pas très fort, mais tu as d'autres qualités heureusement.

LOISEAU.

Je suis fidèle et discret.

LEGRIS.

Discret, n'en parlons pas, tu tiens à ta peau. Fidèle, tu es mieux que fidèle, tu crois en moi.

LOISEAU.

Comme l'arabe au prophète, ça c'est vrai! Mais je vous ai vu gouverner votre barque dans certaines tempêtes où...

LEGRIS.

Suffit! Tais-toi un peu, j'ai des ordres sérieux à te donner.

LOISEAU.

Je vous écoute.

LEGRIS.

Dubal, Sandrin et Lelong vont arriver d'un instant à l'autre.

LOISEAU.

Tous trois à la fois, il y a donc grand conseil aujourd'hui?

LEGRIS.

Fais-moi grâce de tes réflexions. Il est inutile de te répéter que ces trois amis ne te connaissent pas s'il y a quelqu'un dans le magasin. Dubal entrera par la petite porte de mon cabinet. Sandrin et Lelong à quelques minutes d'intervalle par là. (Il désigne la porte de gauche et fond.) Sous aucun prétexte, il ne faudra nous déranger avant la venue de M. Wichopff...

LOISEAU.

Le type de la dernière fois ?

LEGRIS.

Oui.

LOISEAU.

Compris !

LEGRIS.

Wichopff, tu l'introduiras immédiatement dans mon cabinet. En dehors des gens dont je viens de te parler, je n'y suis pour personne jusqu'à quatre heures, à quatre heures, une dame viendra, la femme d'Henri Delange, notre nouvel agent. Vis-à-vis d'elle, je te recommande la discrétion la plus absolue. Delange n'est mêlé qu'aux petites affaires, il n'est pas encore sûr, nous l'essayons... si la dame en question t'interroge, tu ne répondras pas, tu la feras asseoir et tu lui diras de m'attendre.

LOISEAU.

Bon, c'est tout ?

LEGRIS.

Oui. (Loiseau va pour se remettre à son bureau.) Ah ! N'oublie pas de mettre ta comptabilité à jour, j'y jetterai un coup d'œil ce soir ou demain matin.

LOISEAU.

Il y a des moments où il n'est pas rigolo, mais quel homme ! C'est un génie !

SCÈNE V

LEGRIS, LOISEAU, chacun à son bureau.

LEGRIS, tire de la poche de son pardessus un paquet soigneusement ficelé, le met sur la table, puis ôte son pardessus et son chapeau. Tapant sur le paquet.

C'est toujours ennuyeux de se promener avec des pièces comme celles-ci, pourtant il faut bien que notre charmante amie n'ait aucun doute sur leur existence. Du reste à cinq heures, elles réintégreront le coffre-fort du lyonnais. (Il met le paquet dans un tiroir de son bureau. On frappe à la porte masquée.) Ah ! Voici Dubal !

Il va ouvrir, une sonnette électrique retentit. Entre Dubal, homme élégant de 35 ans, barbe noire.

SCÈNE VI

LES MÊMES, DUBAL, puis SANDRIN et LELONG.

LEGRIS.

Bonjour Dubal !

DUBAL.

Bonjour Legris, Sandrin et Lelong ne sont pas encore là ?

LEGRIS.

Il est trois heures moins cinq, le rendez-vous est pour trois heures.

DUBAL.

C'est juste.

LEGRIS.

Tu es arrivé de Monte-Carlo ce matin ?

DUBAL.

Oui.

LEGRIS.

Il est là-bas ?

DUBAL.

Oui, il joue très gros jeu, il gagne.

LEGRIS, avec un ricanement.

Qu'il jouisse de son reste, il ne gagnera pas longtemps. Qui avons-nous là-bas ?

DUBAL.

Perlin et Johnson !

LEGRIS.

Bon. Je suis tranquille.

> À ce moment entre par la porte gauche Lelong, 40 ans,
> moustache et lorgnon. Il fait un signe amical à Loiseau
> et serre la main de Legris et de Dubal.

LELONG.

Bonjour mes amis !

LEGRIS.

Pourvu que Sandrin ne soit pas en retard.

LELONG.

Non, sois tranquille, je l'ai croisé dans la rue à
l'instant.

LEGRIS, à Lelong.

Quoi de neuf ?

LELONG.

Rien de bon. William s'est fait pincer !

LEGRIS.

Comment pincer ? Dans quelles conditions ?

LELONG.

Les plus mauvaises... toutes ses armes de contre-
bande ont été saisies par un croiseur.

DUBAL.

Tu es sûr de ce que tu dis ? Quand as-tu reçu la
nouvelle ?

LELONG.

Ce matin. Tiens, voici la dépêche ! (Il tire un télé-
gramme de sa poche et lit.) « Ne peux envoyer marchandises. Durand. »

DUBAL.

Mais nous allons à la ruine ! Un navire, deux
cent mille francs de cargaison !

LEGRIS.

Oui, avec les cinquante mille francs que nous a
volés cette friponnille d'Andréas, nos actions seraient
bougrement en baisse, heureusement que j'espère
réparer ça bientôt !

DUBAL.

Puisses-tu dire vrai ?

LEGRIS.

Attendez quelques instants, vous verrez.

Sandrin est entré pendant ces dernières répliques par le
fond et cause un instant avec Loiseau. Sandrin est un
jeune homme de trente ans, tout rasé, l'air américain.

SANDRIN.

Good morning! Camarades!

Il serre la main de ses trois amis.

LEGRIS.

Notre ami Sandrin a fait la noce cette nuit, je
vois ça tout de suite.

SANDRIN, très léger accent américain.

Rien n'est meilleur que le noce pour préparer au
bussiness... et puis souvent le noce c'est le bussiness lui-même !

LEGRIS, riant.

Voilà une parole profonde.

SANDRIN.

Tu es bien homme pour comprendre, Legris'

LEGRIS.

Oui, je ne dis pas, seulement moi, les restaurants
chics, les demi-mondaines de grand luxe, je trouve
ça fade et sans grand intérêt. J'aime mieux les mi-
lieux pittoresques, primitifs et un tantinet sauvages,
j'ai vécu si longtemps avec la basse crapule que je
l'aime comme un ancien contre-maître aime le peu
ple et l'ouvrier.

SANDRIN.

Moi, j'aime les gens lavés !

LEGRIS.

Moi aussi, mais je ne suis pas ennemi des œuvres
d'art qui ont une patine, du gibier qui sent son fu-
met. (s'adressant à tous.) Mais si vous le voulez bien,
messieurs, parlons d'affaires. Je vais vous dire en
deux mots pourquoi je vous ai réunis. Tout d'a-
bord, nous avons à juger le nommé Andréas, puis
à discuter les conditions qu'il importe de présenter
pour de nouveaux documents au colonel Wandercheun, je veux dire à M. Wichopff...

TOUS.

Wichopff!

DUBAL.

Tu as quelque chose à lui proposer ?

LELONG.

Quelque chose d'important ?

SANDRIN.

All right!

LEGRIS.

Il faut procéder par ordre, examinons la première question d'abord !

DUBAL.

Il me semble que l'affaire Wichopff est d'un intérêt plus immédiat.

LELONG et SANDRIN.

Oui, oui.

LEGRIS.

Tel n'est pas mon avis. L'intérêt le plus immédiat de notre association est de resserrer le lien moral qui nous unit. En lui seul, est notre vraie force, lui seul nous permettra d'atteindre à la fortune et à la puissance.

LELONG.

Je ne vois pas en quoi la crapulerie d'un Andréas compromet notre bonne amitié.

LEGRIS.

Les mots « Bonne amitié » sont prud'hommesques et cauteleux, laissons-les à des Gobesek et à des marchands de lorgnettes, il y a plus que des amis ici, il y a des hommes loyaux et forts, délivrés des liens sociaux, décidés à tout risquer pour assouvir

les passions qui les dévorent mais incapables d'être
vils jusqu'à se trahir entre eux!

SANDRIN.

Yes! Il faut toujours rester gentleman!

LELONG.

Contre qui rentres-tu en guerre Legris? Personne
ne te contredit!

DUBAL.

Notre intérêt est le plus sûr garant de notre fidé-
lité.

LEGRIS.

Non. Car l'intérêt individuel peut nous égarer
comme il vient d'égarer Andréas, et vous voyez
bien que tout en ayant l'air d'enfoncer des portes
ouvertes, je détruis un raisonnement qui nous serait
fatal. En jugeant et en condamnant le traître, re-
gardons-nous bien dans les yeux, et si nous avons
le soupçon que tout idéal est à jamais banni de notre
esprit, que nous ne sommes pas capables au besoin
de mourir pour la parole donnée, séparons-nous,
cela vaudra mieux, nous ne pourrions jamais réa-
liser de vastes projets!

LELONG.

Le soupçon dont tu parles ne nous effleure ni les
uns, ni les autres, procédons au jugement d'Andréas...

LEGRIS.

Soit. La cause est simple. L'individu en question
chargé de percevoir cinquante mille francs d'un
riche industriel que nous avons promis de ne pas
inquiéter à ce prix, a gardé la somme pour lui seul
et la risque en ce moment sur les tableaux de

Monte-Carlo. Dubal était au casino ces jours-ci, le gredin gagne paraît il.

DUBAL.

Oui, sa chance est incroyable.

LEGRIS.

Personne ne peut avoir à élever la voix pour la défense du coupable, puisque le crime est prouvé. Messieurs nos règlements sont formels, c'est la mort!

SANDRIN.

La mort!

DUBAL.

Sans hésitation!

LELONG.

La mort!

LEGRIS.

Je vais donc aviser mes amis Perlin et Jonhson qui attendent mes ordres à Nice et demain soir Andréas aura cessé de vivre. Venons maintenant à l'affaire Wichopff!

LELONG.

Pardon mon cher Legris, je voudrais vous poser une question pendant que j'y pense.

LEGRIS.

Faites vite, car vous allez vous rendre compte que nous avons peu de temps à nous.

LELONG.

Vous avez pris sur vous de nous adjoindre le nommé Henri Delange et sa maitresse, et vous leur servez des appointements peut-être exagérés pour les services qu'ils nous ont rendus jusqu'ici.

LEGRIS.

Vous me remercierez d'avoir découvert ces deux
collaborateurs.

DUBAL.

Avec le dossier que tu possèdes, tu aurais pu déjà
employer fructueusement la femme, ne serait-ce que
dans l'affaire Manuel, où nous sommes si mal servis
par cette petite Laure!

LEGRIS.

Ah ça! Mon cher Dubal, suis-je votre directeur
oui ou non?

DUBAL.

C'est entendu, mais...

LEGRIS.

Du temps où j'étais agent de la sûreté, mes chefs
me laissaient agir sans m'interroger et m'ouvraient
les plus vastes crédits, vous trois, depuis que nous
travaillons ensemble, vous m'avez accordé une aveugle confiance et je me flatte de l'avoir à peu près
méritée, cette confiance est-elle moins grande, dites-
le franchement!

TOUS.

Non, non!

DUBAL.

Cet homme est d'une susceptibilité!

LELONG.

Personne ne doute de ton talent, mais nous avons
bien le droit, au moment où nous subissons une
crise financière, de signaler les dépenses qui nous
semblent exagérées.

LEGRIS.

Le ménage Delange ne coûte rien en proportion

de ce qu'il rapportera, fiez-vous à moi. Maintenant,
je vous en prie, faites-moi grâce de vos questions,
vous me paralisez ! Il faut me donner ma liberté,
si non je suis incapable d'accomplir un bon travail.

SANDRIN.

Master Wichopff, please ?

LELONG.

Oui, oui revenons à l'affaire Wichopff !

LEGRIS, consultant sa montre.

D'autant plus qu'il devrait être ici en ce moment !

DUBAL.

Tu lui as donné rendez-vous ?

LEGRIS.

Certainement !

LELONG.

Alors vite, nous t'écoutons !

LEGRIS.

Vous vous souvenez qu'au moment de l'affaire
Balthazar, Wichopff avait vivement insisté pour
avoir les sections 45, 50, 73 et 84, de son bordereau,
c'est-à-dire : les sous-marins, les torpilleurs, les
torpilles vigilantes et les signaux ?

SANDRIN.

Seulement Balthazar était un pickpoket, ce qu'il
a donné était tout à fait incomplet.

LEGRIS.

C'est pourquoi je l'ai laissé pincer.

DUBAL.

Eh bien, cette fois ?

LEGRIS.

Cette fois, j'aurai les sections 45, 50, 53 et 84 en
entier.

TOUS.

Vrai ?

LEGRIS.

Je l'affirme presque !

SANDRIN.

Hourra ! Old Fellow !

LELONG.

Ce serait un coup de fortune !

DUBAL.

Tu ne t'avances pas trop ?

LEGRIS.

Quand Legris présente un projet, vous savez bien
qu'il est aux trois quarts accompli !

LELONG.

Et quelle somme convient-il, selon toi, d'exiger ?

LEGRIS.

Pas moins d'un million. Wichopff peut traiter à
ce prix !

DUBAL.

Il va jeter les hauts cris !

LEGRIS.

Je m'en fous, il marchera.

> Pendant les dernières répliques, un garçon de magasin
> est venu parler à Loiseau. Celui-ci entre à ce moment
> et annonce à mi-voix.

LOISEAU.

M. Wichopff !

LEGRIS.

Fais entrer! (Aux autres.) Un million, vous avez compris!

SCÈNE VII

LES MÊMES, WICHOPFF.

Loiseau sort un moment et introduit M. Wichopff. Celui-ci entre le chapeau sur la tête. Il a les allures insolentes et sèches d'un officier allemand.

LEGRIS, sans se lever.

Bonjour monsieur Wichopff! Vous connaissez déjà ces messieurs, je crois ?

WICHOPFF.

Oui.

LEGRIS.

Vous savez que vous êtes chez moi?

WICHOPFF.

Certainement.

LEGRIS.

Alors, je vous serais très reconnaissant d'enlever votre chapeau, c'est un usage français.

WICHOPFF.

Si vous y tenez absolument...

Il se découvre.

LEGRIS, lui désignant un siège.

Maintenant, veuillez prendre la peine de vous asseoir.

WICHOPFF.

C'est inutile, notre conversation sera brève.

LEGRIS.

Je le souhaite.

WICHOPFF.

Qu'avez-vous à me proposer?

LEGRIS.

Les sections 45, 50, 53 et 84!

WICHOPFF, s'asseyant auprès du bureau de Legris.

Vous avez ces pièces-là?

LEGRIS. riant.

Ah! Ah! Vous êtes moins pressé de nous quitter.

WICHOPFF.

Allons! Allons! Répondez, vous avez les documents en question cette fois-ci?

LEGRIS.

Je les aurai dans deux ou trois jours si nous nous entendons.

WICHOPFF.

Et complets?

LEGRIS.

Complets!

WICHOPFF.

Combien?

LEGRIS.

Un million!

WICHOPFF, se levant d'un bond.

Vous êtes fou!

LEGRIS.

Je n'ai pas l'habitude de marchander. Si je vous dis un million, c'est que j'estime à cette somme nos

risques et nos frais dans cette affaire. Vous êtes
libre de ne pas traiter et de vous retirer immédiatement.

WICHOPFF.

Mon gouvernement ne consentira jamais à de tel-
les libéralités.

LEGRIS.

Si j'étais moins loyal, je vous demanderais un
prix plus élevé que vous seriez encore bien heureux
d'accepter, mais je ne veux pas abuser de la situation !

WICHOPFF.

Je ris en vous entendant invoquer votre loyauté.

LEGRIS.

Vous avez tort, M. Wichopff, parce que je vous
parle sans détour et que vous, vous mentez !

WICHOPFF.

Je suis le colonel Wandercheun, et vous êtes un
gredin, je vous défends de vous exprimer ainsi !

LEGRIS.

Je ne connais pas le colonel Wandercheun, mais
un nommé Wichopff dont l'intention est de me filou-
ter.

WICHOPFF, levant la main, menaçant.

Prenez garde !

LEGRIS.

A quoi ?

WICHOPFF, regardant autour de lui.

C'est vrai, je suis dans une caverne de brigands !

Tous se dressent menaçants.

LEGRIS.

Vous voyez, ces messieurs sont écœurés de votre conduite !

WICHOPFF.

Terminons cette mauvaise plaisanterie. Je vous offre cent mille marks, si vous m'apportez les pièces dont vous avez parlé.

LEGRIS.

Vous vous croyez chez un usurier de Francfort, ma parole d'honneur ! Notre entretien ne saurait avoir de suite, il est préférable que vous vous retiriez, monsieur.

WICHOPFF.

Colossal ! Colossal en vérité ! Un individu de telle sorte jouant au grand seigneur !

LEGRIS.

Pourquoi pas ? On ne peut être infâme et ne pas être sordide. Il faut un esprit saxon pour confondre ces deux mots.

WICHOPFF.

Puisque vous maintenez vos prétentions je m'en vais, vous réfléchirez.

LEGRIS.

Dès ce soir nous allons nous mettre en rapport avec l'amirauté anglaise, je doute qu'elle agisse avec la même parcimonie.

WICHOPFF, sort un instant après avoir hésité, puis revient.

Vous traiteriez documents en main, sans avances, comme l'autre fois ?

LEGRIS.

Mais certainement, il n'est pas dans nos habitudes de faire payer la marchandise que nous n'avons pas livrée!

WICHOPFF.

Eh bien! Vous m'étranglez, mais j'accepte vos conditions!

LEGRIS.

Nous avons votre parole?

WICHOPFF.

Oui.

LEGRIS.

C'est bien. Au revoir, monsieur?

Wichopff se couvre et sort sans mot dire.

SCÈNE VIII

Les Mêmes, moins WICHOPFF.

DUBAL.

Quelle brute!

LELONG.

Le soudard dans toute son horreur!

SANDRIN.

Il est un peu rude dans le bussiness, si vous étiez américains, vous ne seriez pas si frappés.

LEGRIS.

Nous ne sommes pas américains justement et nous voulons qu'on respecte un peu plus les formes à notre égard mon cher Sandrin. Du reste, j'y mettrai ordre. (Il consulte sa montre.) Ah! Voilà qui est fâcheux!

LELONG.

Quoi donc ?

LEGRIS.

Cette femme est inexacte malgré mes recommandations.

DUBAL.

Quelle femme ?

LEGRIS.

La maîtresse de Delange. je l'avais convoquée pour quatre heures, il est quatre heures trois quarts.

LELONG.

Tu avais une mission pressée à lui donner?

LEGRIS.

Non, j'avais à lui montrer l'original de son dossier. Vous savez comme moi qu'elle n'a vu que des copies et des photographies incomplètes. En outre je tiens à lui prouver l'inutilité d'un attentat contre ma personne.

DUBAL.

Je ne vois pas l'importance de l'heure en cette affaire.

LEGRIS.

Sans être immense, elle existe. Nous avons choisi mon coffre du crédit Lyonnais pour y déposer le dossier. Nous diminuons ainsi les risques de vol, d'incendie ou d'indiscrétion qui, malgré les meilleures précautions peuvent toujours être courus dans un domicile privé. Or, le lyonnais ferme à cinq heures. Le retard de Madeleine Baranti sera cause que je conserverai chez moi cette nuit ces précieux papiers.

LELONG.

Dans tous les cas, tu n'as plus besoin de nous, nous pouvons nous retirer ?

LEGRIS.

Non, je vous demanderai quelques instants encore pour assister à mon entrevue avec la pseudo madame Delange.

DUBAL.

Cette femme ne nous connaît pas, il serait peut-être préférable qu'elle restât dans son ignorance ?

LEGRIS.

En effet, cela vaudrait mieux, mais d'un autre côté, elle doit avoir une idée très nette de la puissance qui l'enchaîne. Soyez un peu patients, elle ne peut tarder bien longtemps. Tenez, voulez-vous, en l'attendant, jeter les yeux sur notre récent inventaire, j'en ai fait tirer des copies pour vous sous la forme d'un prospectus financier et dans notre langage conventionnel.

> Il donne des papiers à ses trois amis qui se mettent à les examiner, pendant ce temps Madeleine entre au fond.

SCÈNE IX

LES MÊMES, MADELEINE.

MADELEINE, entrant et s'adressant à Loiseau.

Monsieur Legris ? s'il vous plaît ?

LOISEAU.

C'est ici, madame, que désirez-vous ?

MADELEINE.

J'ai rendez-vous avec M. Legris et...

LOISEAU.

Vous êtes madame Delange ?

MADELEINE.

Oui, monsieur.

LOISEAU.

Je vais vous annoncer.

MADELEINE.

Oh ! Je dois être en retard, quelle heure est-il donc ?

Loiseau finit de ranger quelques papiers sur son bureau et passe dans le cabinet de Legris.

MADELEINE.

En voilà un ours ce garçon de bureau, il pourrait bien me répondre !

LOISEAU, à Legris.

Madame Delange !

LEGRIS.

Fais entrer !

Loiseau introduit Madeleine et se remet au travail.

LEGRIS, à Madeleine qui entre et qui fait un haut-le-corps en voyant les trois autres.

Bonjour, chère madame. (Désignant ses compagnons et les présentant.) Trois de mes plus fidèles amis. Madame Delange veuve Baranti que vous connaissiez un peu déjà par la chronique !

MADELEINE.

Que veut dire ceci ?

LEGRIS.

Oh! Rien de grave, rassurez-vous! La discrétion de ces messieurs est égale à la mienne, mais je crois vous avoir avertie que je n'étais pas seul au monde et que mes intérêts étaient liés à d'autres intérêts importants.

MADELEINE.

Ah! Ces messieurs savent...

LEGRIS.

Il le fallait, pour ma sécurité. Vous devez vous rendre compte de plus en plus que je ne mens jamais. Vous allez du reste, être complètement édifiée dans une seconde. Un mot toutefois au par avant. Je vous avais donné rendez-vous à quatre heures, je crois?

MADELEINE.

Oui, à quatre heures, il me semble...

LEGRIS.

Il vous semble? Sachez à l'avenir que je ne puis souffrir l'inexactitude, mon temps est rigoureusement compté.

MADELEINE.

Mais...

LEGRIS.

Je n'insiste pas. Prenez bonne note de mes paroles. Veuillez vous asseoir je vous prie et venons à l'affaire pour laquelle je vous ai convoquée. A notre première entrevue, je vous ai montré certains papiers assez curieux, mais par le fait insuffisants pour vous perdre si vous aviez la folie de me braver. Les lettres originales les plus importantes détériorées par l'eau n'ont pas pu être photogra-

phiées et l'on ne saurait fonder une accusation sur
des copies dont les minutes sont égarées.

MADELEINE, avec un mouvement de joie.

Vous auriez égaré...

LEGRIS, avec un rire énigmatique.

Peut-être... vous avez vu aussi quelques clichés
de pièces à conviction, mais qui n'ont de valeur
que si l'on possède ces pièces elles-mêmes.

MADELEINE, vivement.

Vous ne les possédez pas. Mais alors...

LEGRIS.

Alors, je vous aurais effrayée en vous parlant d'un
dossier qui n'existe plus ou qui tout au moins
n'est pas entre mes mains.

MADELEINE, effrayée.

Il est entre les mains d'un autre, de qui ? De
qui ? Parlez ? C'est épouvantable!

LEGRIS, riant.

Ah! ah! ah! Vous préférez avoir affaire à ce bon
M. Legris ? N'est-il pas vrai ?

MADELEINE.

Ne jouez pas ainsi avec moi, vous me torturez.

LEGRIS.

Soit ! Je ne vous ferai pas languir plus longtemps. Voulez-vous avoir la complaisance de vous
lever... de reculer un peu... et de mettre vos
mains derrière le dos. (Faisant signe à Lelong. Madeleine
exécute l'ordre.) Mon cher ami, veuillez surveiller
madame et faire en sorte qu'elle ne bouge en aucune
façon (Lelong se lève et va se placer près de Madeleine
qui a eu un mouvement d'effroi.) Oh ! Rassurez-vous,

vous n'aurez point à subir la moindre violence.
C'est une simple précaution. (*Prenant le dossier dans
le tiroir.*) Regardez-moi tout ceci ! Quel beau travail ! Vous rendez-vous compte du jeu de patience
qu'il a fallu entreprendre ? Tenez, dans certains
endroits, nous avons reconstitué les mots, lettre
par lettre... Mais je vous en prie, regardez à travers cette loupe, l'encre est tellement effacée... et
puis le jour baisse, je vais allumer l'électricité...

Il allume.

MADELEINE, *d'une voix blanche.*

C'est inutile, je vous assure...

LEGRIS.

Si, si, je veux que vous soyez complètement fixée.
Comme ceci, avec la loupe, vous vous rendez
compte, n'est-ce pas ? Vous reconnaissez bien votre
écriture, le papier,... tout... (*Tournant les pages.*) Et
les ordonnances ? Quarante potions arsenicales chez
différents pharmaciens ! Mâtin ! de quoi tuer plusieurs chevaux !

MADELEINE.

Je vous en prie, assez monsieur !

LEGRIS, *tournant toujours les pages.*

Allons ! allons ! Nous sommes bientôt à la fin...
les lettres du docteur... les pages du livre, ce petit
journal rédigé par votre mari : il avait des doutes
ce pauvre homme...

MADELEINE, *détournant la tête.*

Finissez, je ne regarde plus...

LEGRIS, *fermant le dossier.*

Là ! Voilà qui est fait ! Eh bien ! Êtes-vous rassu-
rée, chère madame ? Vous voyez que vous êtes en

mon seul pouvoir. (*Le regard de Madeleine va au coffre-fort. Legris se remet à rire.*) Non, non, ces pièces-là ne sont jamais dans mon coffre-fort! Ne vous torturez pas l'imagination pour chercher comment on pourrait me les voler. Elles sont en sûreté dans la meilleure des forteresses. Ces messieurs, et d'autres amis, non moins fidèles en connaissent seuls le dépôt, et en feront usage à ma mort si je n'ai pas soin de prendre, à ce moment pénible, des dispositions contraires. Vous voyez encore une fois combien ma vie doit vous être précieuse ?

MADELEINE, aux trois amis.

Comment avez-vous le cœur de vous rendre tous trois complices de cet infâme chantage !

LEGRIS.

Ah ! Soyez polie avec ces messieurs! Ce sont vos maîtres et les maîtres de votre amant. Du reste, si vous êtes sage, votre dossier est un coup de fortune pour vous deux, vous vous en êtes déjà rendu compte, n'est-il pas vrai ? N'avez-vous pas un bel appartement, maintenant des toilettes, un portefeuille bien garni ? Il y a un progrès depuis l'hôtel Coustou !

MADELEINE, se préparant à sortir.

Après tout ! Qu'importe! Pourvu qu'Henri ne sache rien et qu'il soit heureux !

LEGRIS.

Ceci dépendra de vous, chère madame. Au revoir, mes bons souvenirs à Delange.

Madeleine sort.

SCÈNE X

Les Mêmes, moins MADELEINE.

LEGRIS.

Comment la trouvez-vous ?

SANDRIN.

C'est un beau modèle ! Un beau animal !

DUBAL.

Il s'exhale de cette femme un fluide passionnel, on comprend qu'elle ait tué et l'on sent que l'on tuerait facilement pour elle.

LELONG.

Eh là ! Attention, Dubal, attention, tu pourrais devenir l'esclave de notre esclave.

DUBAL.

Aussi, ne la reverrai-je plus, quoiqu'il advienne.

LEGRIS.

J'allais te demander ce sacrifice, mon cher ami. Maintenant, messieurs, je vous rends votre liberté. Voyons, nous sommes lundi aujourd'hui, je vous donne rendez-vous samedi dans les mêmes conditions.

LELONG.

Tu auras les bibelots de Wichopff ?

LEGRIS.

Comptez sur moi !

    Tous se serrent la main, puis Dubal sort par la porte droite.

LELONG, à Sandrin.

Je file le premier Sandrin, je suis un peu pressé !

SANDRIN.

Comme tu voudras !

Il sort par la porte gauche.

SCÈNE XI

LEGRIS, SANDRIN et LOISEAU.

SANDRIN, allumant une cigarette et se carrant dans un fauteuil.

Décidément, tu ne veux pas tâter de mes pouliches ?

LEGRIS.

Non, mon vieux, ce sont des montures bien toilettées, mais peu courageuses.

SANDRIN.

Peu courageuses ! Laisse-moi te présenter à Manon Délice, tu changeras d'opinion !

LEGRIS.

Bah ! Sans connaître ta Manon Délice, je sais qu'elle se met de la couleur sur le bout du nez et, prend de l'éther et pose à la femme du monde. Les aventures et le danger lui répugnent, elle cherche un vieillard très riche, ou un bon jeune homme à plumer, voilà tout ! Peuh ! Quelle banalité ! Quelle fadeur !

SANDRIN, riant.

Incorrigible voyou, je parie que tu as découvert le Vénus du ruisseau ?

LEGRIS.

Pas encore, mais pour le moment je m'intéresse à une nommée Bubuche-la-Garne, qui vous a une science de la vie... (*Il se penche à l'oreille de Sandrin. Celui-ci se met à rire.*) Mais tu me fais dire des bêtises, et tu me fais oublier de mettre en sûreté immédiatement... (*Il prend le dossier et l'enferme dans son coffre-fort dont il brouille la combinaison.*) Cet important article... Là, maintenant, je compte beaucoup plus sur la chance que sur ces portes blindées. Tu sais très bien qu'avec une bonne lampe et quelques outils...

SANDRIN, se levant.

Yes! J'ai fait le métier pendant deux ans. Mais tu as Loiseau qui couche là... ce n'est pas un moule, le sonnerie du petite porte, y fonctionne bien...

LEGRIS.

Et puis quoi? Pouvons-nous faire autrement? alors...

SANDRIN, serrant la main à Legris.

Good evening, Legris!

LEGRIS.

Bonsoir, mon vieux!

Sandrin sort par le fond. Loiseau donne un tour de clef à la porte.

SCÈNE XII

LEGRIS, LOISEAU.

LEGRIS.

Loiseau! (Loiseau vient.) As-tu bien travaillé aujourd'hui, maître Loiseau ?

LOISEAU.

Vous allez vous en rendre compte, patron.

LEGRIS.

Voyons ça... (On frappe à la porte du fond.) Tiens ?
A cette heure-ci? Qui cela peut-il être ?

LOISEAU.

Faut-il ouvrir? J'ai déjà fermé la porte.

LEGRIS.

Attends un peu. (Il écoute. (On frappe de nouveau.)
Qui est là ?

LA VOIX DE BUBUCHE.

Je voudrais parler à M. Legris ?

LEGRIS.

La voix de Bubuche? Ça, c'est trop fort! (A Loiseau.) Ouvre la porte!

Loiseau va ouvrir, entre Bubuche, jeune gigolette des
boulevards extérieurs.

SCÈNE XIII

LES MÊMES, BUBUCHE.

BUBUCHE.

Tiens! T'es là, Totor, tant mieux !

LEGRIS.

Tu sais bien que je t'ai défendu de mettre les
pieds ici !

BUBUCHE.

Oh ! là ! là ! C'est pas la peine de rogner, si que
j'm'aboule, c'est qu'y fallait.

LEGRIS, lui montrant la porte.

Fous le camp !

BUBUCHE.

Non, mais des fois... puisque j'te dis qu'y faut
que j'te cause !

LEGRIS.

C'est important ?

BUBUCHE.

Tu parles !

LEGRIS, la faisant entrer.

Viens par là !

BUBUCHE, entrant dans le cabinet de Legris, s'extasiant.

Ah ! C'que c'est bath dans ta tôle ! On s'croirait
chez un miniss ! (Essayant un fauteuil.) Mince de fauteuil, avec des r'ssorts comm'ça, on peut pas gar-
der sa virginité !

LEGRIS.

Allons, cesse tes boniments, je n'ai pas le temps
de m'amuser, que veux-tu ?

BUBUCHE.

T'es pas galant c'soir, on n'est donc plus chipé
pour sa Bubuche ?

Elle s'approche de Legris, très provocante et l'œillade.

LEGRIS, troublé, mais la repoussant.

Assez ! Laisse-moi, parle !

BUBUCHE.

Ah! C'est comme ça! Eh ben, j'ai rien à t'dégoi-
ser, je m'barre!

> Fait mine de sortir.

LEGRIS, la retenant.

Petit chameau, va!

BUBUCHE, le bravant.

Tu sais, faut pas m'la faire! Tu m'gobes, tu m'as
dans la peau! J'te tiens!

LEGRIS, furieux.

Tu me tiens? Moi Legris? C'est trop de culot par
exemple.

> Il lève la main sur Bubuche.

BUBUCHE, le bravant.

Cogne donc un peu pour voir! J'm'en fous des
gnons, car si t'as l'malheur de m'toucher. (Elle tire
un couteau de sa poche qu'elle lui met sous le nez.) J'te
flanque mon vingt-deux dans l'lard!

LEGRIS, la regardant avec passion, puis brusquement.

Viens, viens! Sale gosse!

BUBUCHE, remettant son couteau dans sa poche.

Ah! Vieille crapule! T'aime pas les femmes qui
flanchent, hein?

LEGRIS.

Alors, voyons, qu'est-ce que tu voulais me demander?

BUBUCHE.

Un peu d'pèze, j'suis fauchée!

LEGRIS.

C'est tout?

BUBUCHE.

Bien sûr !

LEGRIS.

C'est pour ton gigolo, hein ?

BUBUCHE.

Tu sais bien qu'j'en ai pas d'gigolo !

LEGRIS.

Ah ! Pas de ça avec moi ! Je te donne de l'argent parce que j'ai cinquante ans, et que je me paye une fantaisie, il ne faudrait pas me prendre pour une poire !

BUBUCHE.

Eh ben ! C'est entendu, j'veux du pognon pour mon p'tit homme, t'es content ? (Legris ouvre un tiroir de son bureau. — S'approchant) T'en as des cigues, là-dedans ! Au moins deux sacs !

LEGRIS, prenant de l'argent, et refermant brusquement son tiroir.

C'est bon ! C'est bon ! Tiens, voilà cinq louis !

BUBUCHE, tout en ramassant l'argent, regardant le coffre-fort.

Et puis, là-dedans, y doit y en avoir des faflots !

LEGRIS.

Tu te trompes joliment, ma pauvre gosse, je n'ai dans mon coffre que des papiers d'affaires, toutes mes valeurs sont dans des banques, je ne garde jamais d'argent chez moi, sauf quelques louis, dans mon tiroir.

BUBUCHE.

Alors, c'est pas la peine d'avoir un si beau coffre !

Elle va au coffre-fort et fait jouer la combinaison.

LEGRIS, durement.

Je n'aime pas ces manières, va-t-en de là !

Il la prend brutalement et la jette contre la porte masquée.

BUBUCHE, relevant la tenture.

Tiens ! Y a une lourde ici ?

LEGRIS.

Oui, qui a-t-il d'étonnant ?

BUBUCHE.

T'as pas peur qu'on vienne chez toi la nuit quand
y a personne ?

LEGRIS.

Ça, mon petit chat, c'est impossible ? (Il ouvre la
petite porte, et la sonnerie retentit.) Cette sonnerie est
déjà assez forte pour réveiller mon garçon de bureau qui dort là, mais le soir, je tourne encore une
manette... (Il tourne une manette fixée au mur.) Et... (Il
fait manœuvrer la porte, une sonnerie stridente retentit.)
Toute la maison serait éveillée si l'on entrait par
là.

BUBUCHE.

Ah ! Bon, on voit qu' t'as été d'la r'naque, tu la
connais !

LEGRIS.

Dis, Bubuche, tu descends avec moi, dans mon
appartement, en dessous ? Maintenant que tu connais un peu ma tôle, je peux continuer le tour du
propriétaire.

Il la prend dans ses bras.

BUBUCHE.

Non, j'ai pas l'temps c'soir, viens me trouver à
l'ange Gabriel, demain à minuit !

LEGRIS, la retenant.

Si, si, je t'en prie, ce soir, je veux !

BUBUCHE, s'esquivant adroitement.

Ah ! Zut ! Quel satyre !

Elle sort, en courant, par le fond.

SCÈNE XIV

LEGRIS, LOISEAU.

LEGRIS, se promenant très agité, et se parlant à lui-même.

Oh ! Je suis fou ! Je suis idiot ! Tout mon être tremble ! Je la désire follement cette petite garce ! (Il essaye de travailler, puis brusquement.) Non, décidément, je ne ferai rien de bon ce soir, ma journée est finie et mal finie. Je m'en vais.

LOISEAU.

Est-ce que vous descendez chez vous ?

LEGRIS.

Oui, oui, ce soir je ne bougerai pas. Tu connais mon instinct Loiseau ? Un mauvais vent souffle autour de nous, ouvrons l'œil !

LOISEAU.

Que redoutez-vous, patron ?

LEGRIS.

Je ne saurais pas le dire exactement, le chien de chasse a senti le gibier, voilà tout. Est-ce un sanglier ou un chevreuil ?

LOISEAU.

Une biche plutôt !

LEGRIS, le regardant de côté.

Tu es moins bête qu'on le prétend !

LOISEAU.

Merci patron !

LEGRIS.

Écoute-moi bien. Le danger ne peut venir de mon
cabinet. J'ai mis la double sonnerie, si jamais tu
l'entendais résonner, un coup d'acoustique immédiatement, et je suis ici. Donc, je te donne l'ordre
le plus formel de n'ouvrir à personne de ce côté-ci ?

Il montre le magasin.

LOISEAU.

C'est entendu. Ah ! Pourtant, on va me monter
mon dîner tout à l'heure, il faudra bien que je laisse
entrer le garçon du restaurant.

LEGRIS.

Tu ne pourrais pas te passer de dîner ?

LOISEAU, embêté, mais dévoué.

Hum !... Hum !... Si vous le voulez absolument,
patron...

LEGRIS.

Goinfre va ! Allons tu dîneras tout de même, mais
tu renverras le garçon tout de suite, il viendra
prendre son panier demain matin.

LOISEAU.

Merci, patron. J'aime mieux cette combinaison.

LEGRIS.

Bonsoir, pour te donner du courage, souviens-toi
que cette nuit, il y a plus d'un million dans mon
coffre-fort !

LOISEAU, étranglé par la responsabilité.

Un mill...

LEGRIS.

Oui, bonsoir !

Il sort par le fond.

SCÈNE XV

LOISEAU, seul, va fermer la porte.

Il m'a foutu le trac le patron. pourtant, quoi ? Je suis un homme, (Il commence à arranger son lit.) j'en ai vu d'autres. mais rien n'est désagréable comme de ne pas savoir ce qui peut vous tomber sur le poil. (Examinant le revolver et mettant l'arme bien en évidence sur la table.) Le joujou est chargé, il y a du bon ! (On frappe. Traqueur.) Qui est là ?

LA VOIX D'EUGÈNE.

C'est votre dîner, M. Loiseau !

LOISEAU.

Ah ! Bien !

Il va ouvrir.

SCÈNE XVI

LOISEAU, LE GARÇON.

Ils préparent tous les deux la table à l'avant-scène.

EUGÈNE, un panier à la main.

Bonsoir, m'sieur.

LOISEAU.

Bonsoir, Eugène!

EUGÈNE, plaçant un à un les objets qu'il énumère sur la
table.

Le potage... l'entrée... le rôti, une petite aile de
poulet de grain, vous m'en direz des nouvelles...
les légumes... la bouteille, et voilà...

LOISEAU, découvrant les plats.

Merci. mon ami, vous n'aurez pas besoin de venir reprendre le panier ce soir, vous passerez demain matin.

EUGÈNE.

Bien, monsieur. (Il va pour sortir, puis se ravise.) Ah!
Voudriez-vous goûter tout de suite le vin que je
vous apporte. Le patron a fait un changement, et
désirerait avoir votre avis.

LOISEAU.

Rien n'est plus facile. (Il boit.) Il a un petit goût
particulier, ce vin-là... qui n'est pas désagréable...

EUGÈNE.

Buvez-en un verre entier, vous allez voir.

LOISEAU, buvant un verre d'un seul coup, puis faisant cla-
quer sa langue.

Hum! Il est excellent... excellent ma foi... Dites
au patron de me servir le même tous les jours.

EUGÈNE.

Au revoir monsieur?

Il fait mine de se retirer, mais il se cache dans le bureau de Loiseau.

LOISEAU, commence à dîner, puis se souvenant.

Tiens! Voilà que j'oubliais de fermer la porte!

(Il va la fermer et revient se mettre à table, il se sent peu
à peu envahir par le sommeil.) C'est curieux, je ne me
suis pourtant pas couché tard hier, je tombe de sommeil...

Il prend sa tête dans sa main, se frotte les yeux, lutte
un moment, puis il va tomber lourdement sur son lit.

EUGÈNE, le voyant endormi.

Les autres vont pouvoir travailler tranquillement,
il est fait !... (Il sort de sa cachette.) Ramassons d'abord
le rigolo ! Avec ces machins-là, un accident est si
vite arrivé ! (Il le met dans sa poche.) Un coup d'œil
comme on dit à l'octroi ! (Il fouille dans le bureau de
Loiseau.) Pas un rond, quelle guigne ! J'aurais pu
faire un peu mon blot avant l'arrivée des aminches,
d'l'autre côté, (Montrant le bureau de Legris.) c'est nibé,
la gosse a vu l'pognon avec l'vieux tout à l'heure,
pas mèche d'y toucher ! (On entend une sorte de gratte-
ment derrière la glace.) Et puis, v'là qui vont avoir fini
leur turbin, faut que j'radine pour leur donner la
main.

LA VOIX D'ANATOLE, derrière la glace.

Es-tu là Eugène ?

EUGÈNE.

Gy, bouge pas ! (Il va fermer les rideaux.) J'vas en-
l'ver la glace !

Il l'enlève.

LA VOIX D'ANATOLE.

N'la casse pas, ça porte malheur !

Un grand trou apparaît dans la cloison d'où émerge la
tête d'Anatole.

SCÈNE XVII

EUGÈNE, ANATOLE, LA POPINGE, BUBUCHE.

ANATOLE, mettant le pied sur la cheminée et sautant lestement sur le parquet.

Les entrepreneurs, tous des grinches ! C'est des cloisons en papier mâché, ça ! On a bien raison d'le dire, y a du sabotage à Paris ! (Derrière Anatole, entre La Popinge et Bubuche, Anatole l'aide à descendre.) Hop… Nous y v'là tous, et maintenant au turbin ! T'as la lampe, La Popinge ?

LA POPINGE, qui a une légère boîte à outils.

C'te question ! (Il tape sur sa boîte.) J'suis pas un chouffliqueur, j'suis un brav' travailleur, j'laisse pas mes outils à la traîne.

ANATOLE, à Eugène.

L'garçon d'bureau !

EUGÈNE.

Il est bon, y roupille sur son pieu !

ANATOLE, regardant la fenêtre.

Les rideaux sont fermés, y a pas d'pet qu'on nous r'luque, vas-y La Popinge, nous allons nous manier pendant c'temps là ! (La Popinge se met en devoir d'ouvrir le coffre-fort. A Bubuche.) Alors, tu dis la môme qu'y a une bourde par là.

Il montre la tapisserie qui cache la petite porte.

BUBUCHE.

Oui, mais faudrait pas s'amuser à la déboucler, y a un avertisseur !

ANATOLE.

C'est dégoûtant, on s'ra obligé de s'tirer des pieds par là. (Il montre le trou de la muraille. Il fracture le bureau de Legris, trouvant l'argent.) Ah! Il y a au moins mille balles! Rien qu'ça, ça vaut déjà le voyage. (A Bubuche.) T'en as eu du nez la môme, de faire ce micheton-là!

BUBUCHE.

Tu vois bien, toi, tu voulais rien savoir!

ANATOLE.

Non! J'tai dit que j'l'avais connu dans la thurne à Julot rue Gouston, et c'est pas des princes qui pieutent là d'habitude, et puis, je l'croyais encore d'la rousse!

LA POPINGE, travaillant toujours.

Ça l'a dégoûté, il est parti, j'comprends ça!

ANATOLE, qui fouille activement dans les papiers extraits du tiroir, à Eugène.

R'luque moi un peu ces fafiots-là!

EUGÈNE.

Non, mais j'vais pas bouquiner tout ça, tant qu' c'est pas d'la pépette, on s'en fout!

ANATOLE.

On sait jamais, y a quéque fois des babillardes qui valent leur pesant d'or.

LA POPINGE, qui est arrivé à ouvrir le coffre-fort.

V'là l'affaire! (Tous s'y précipitent. Après un examen sommaire.) Mais j'vois pas de trace de galtouze là-dedans! Pas même un titre, une valeur, rien! On est r'fait!

BÉBÈCHE.

Ah! L'cochon, y blaguait pas tout à l'heure! Son
pognon est dans les banques!

EUGÈNE.

Merde! Je m'fous en grève! C'est plus la peine
de turbiner!

ANATOLE, qui consulte rapidement les papiers du coffre-
fort.

Des comptes... des babillardes. (Brusquement, il
pousse une exclamation.) Ah!

TOUS.

Quoi donc?

ANATOLE, se parlant à lui-même.

Madeleine Baranti... mais j'connais ça. (Il com-
pulse le dossier qu'il a entre les mains.) On voit qu'il a
fait le méquier l'frangin, un vrai dossier de juge
d'instruction!

LA POPINGE.

Quoi, c'est qu'tas trouvé? Les millions à Rochette?

ANATOLE.

Ta bouche! Tu vas réveiller l'cadavre! (Brusquement joyeux.) J'y suis! J'me souviens! La gonzesse
d'l'hôtel Constou! J'avais bien vu qui filait les
tourtereaux! Y a une histoire là-dessous! On a p't'
être pas perdu son temps, les aminches!

EUGÈNE, qui depuis un moment prête l'oreille.

Vingt-deux! J'crois qu'on monte l'escalier là-
bas!

Il désigne le magasin.

ANATOLE.

Alors, ouste! Débinons-nous! (Les uns après les au-

tres, Buloche, La Popinge, Eugène regagnent le trou de la muraille et disparaissent. Anatole avant d'en faire autant met avec soin le dossier dans sa poche. Arrivé au trou.)
J'ai p't'être fait un bon chopin !

Il s'esquive à son tour.

SCÈNE XVIII

LEGRIS, LOISEAU.

LEGRIS, entrant.

Il me semble que j'ai entendu du bruit ! (s'apercevant du vol.) Ah ! Malheur ! Je suis volé ! (cherchant Loiseau, l'apercevant, il va le réveiller.) Loiseau ! Loiseau !

LOISEAU, mal réveillé.

Au secours ! Au secours ! (voyant Legris.) Qu'est-ce qu'il y a ?

LEGRIS.

Je suis volé !

LOISEAU, s'arrachant les cheveux.

Misérable brute que je suis !

LEGRIS, au trou de la muraille.

Des perceurs de murailles ! Il y a un entrepôt dans l'immeuble voisin. ces gredins-là étaient cachés derrière les ballots ! (A Loiseau.) Et tu n'as rien entendu, rien vu ?

LOISEAU.

On m'avait mis quelque chose dans mon vin, je me suis endormi !

LEGRIS.

Le garçon du restaurant, pardi ! Je t'avais prévenu! Je le sentais! (*Legris fouille fiévreusement dans les papiers épars.*) Malédiction! Ils l'ont emporté! (*Au coffre-fort.*) Il n'est plus là! Ils l'ont emporté!

LOISEAU.

Quoi donc ?

LEGRIS.

Un dossier dont j'ai besoin pour une affaire capitale !

LOISEAU, *se lamentant.*

Et c'est ma faute! Dire que c'est ma faute !

LEGRIS, *recouvrant son sang-froid.*

Par bonheur, j'aurai atteint mon but dans quelques jours... et tant qu'elle ne sera pas avertie... Loiseau, écoute-moi bien : personne ne doit savoir ce qui s'est passé cette nuit, je ne déposerai aucune plainte. Dès demain matin, nous ferons boucher ce trou-là par un de nos ouvriers, tiens ta langue !

LOISEAU.

Alors, ces fripouilles-là ne seront jamais pincées ? C'est vexant tout de même !

LEGRIS.

Non, mais cela vaudrait mieux pour eux, car ils vont avoir à compter avec Legris !

Rideau.

ACTE TROISIÈME

Les deux Serviettes.

Un salon chez Henri Delange. Pièce confortable et meublée avec goût. Portes au premier plan droit, au deuxième plan droit, donnant dans l'antichambre. Au fond à droite, un fumoir. Au fond à gauche, la salle à manger. Canapé, piano, casier à musique, chaises, tables.

SCÈNE PREMIÈRE

MADELEINE, HENRI, CHARLES.

MADELEINE.

Si, si, mon cher monsieur Vautel, dînez avec nous ce soir !

CHARLES.

Je vous assure que ce n'est pas possible, je prends le train à huit heures trente.

HENRI.

Eh bien ! On se mettra à table à six heures, voilà tout !

CHARLES.

Mais mon pauvre ami, la commission peut lever la séance beaucoup plus tard !

HENRI.

Dis-lui zut à la commission, tu ne vas pas partir
à Toulon sans dîner ?

CHARLES.

Tu es bon, toi ! Et l'intérêt de la défense natio-
nale, qu'en fais-tu ?

HENRI.

Tu n'es pas le seul à l'organiser, la défense na-
tionale ?

CHARLES.

Non, certes ! Et je n'en suis qu'un rouage bien
intime, mais je dois transporter des documents con-
fidentiels à la Préfecture maritime, il faut bien
que je les attende.

MADELEINE.

Le dîner sera prêt pour six heures, si vous ne
pouvez pas être notre convive, venez toujours nous
dire au revoir.

CHARLES.

Pour cela, je vous le promets.

HENRI.

Combien de temps resteras-tu à Toulon ?

CHARLES.

Un mois, peut-être plus !

HENRI.

Si longtemps ?

CHARLES.

Dame, oui ! Nous sommes obligés de réparer les
désordres causés dans certains services par la trahison de cette crapule de Balthazar.

HENRI.

Les documents qu'il a vendus étaient donc très précieux ?

CHARLES.

Assez, mais il pouvait faire pis encore...

HENRI.

Selon toi, avait-il des complices, ce Balthazar ?

CHARLES.

J'en suis persuadé, mais on ne mettra jamais la main sur eux !

MADELEINE.

Et vous n'avez pas peur de voyager tout seul avec des papiers si convoités ? A l'époque où nous vivons, les trains ne sont pas sûrs !

CHARLES.

Bah! Mes documents seront dans une serviette que je ne lâcherai pas une seconde, on ne les prendrait qu'avec ma peau, et je la vendrais cher, vous savez !

HENRI.

Germaine a le don du fait-divers. Son imagination prépare toujours des cambriolages, des attaques à main armée, des rapts et autres aventures. J'ai envie de fabriquer avec elle un mélo : nous ferions fortune !

CHARLES.

Tu n'es donc pas assez riche, immonde bourgeois! Comment ! Tu songes à remplir tes poches, quand la maison Legris te couvre d'or !

MADELEINE.

Il est insatiable! Savez-vous ce qu'il a touché de commissions le mois dernier ?

CHARLES.

Non !

MADELEINE.

Cinq mille francs !

CHARLES.

Fichtre !

HENRI.

Oui, les affaires vont bien, je n'ai pas à me
plaindre !

CHARLES.

Vous n'avez pas été longs à découvrir le pactole ?
Qui pouvait prévoir cela, à l'hôtel Couston ! Oh !
Mes pauvres amis, je vous l'ai dit souvent depuis,
quand il m'a fallu monter cet escalier empesté
pour aller vous trouver dans votre galetas, les lar-
mes me venaient aux yeux !

MADELEINE.

C'est un affreux cauchemar qu'il faut oublier, ne
parlons plus de cela.

HENRI.

N'avons-nous pas vécu de bien douces heures
quand même à cette pénible époque ? Pourquoi la
rayer de nos souvenirs ? Ne disais-tu pas que l'a-
mour t'empêchait de sentir la misère ?

MADELEINE.

Sans doute, mon aimé, auprès de toi, je suis toujours heureuse... Si la chance ne nous avait pas
souri, certaines tristesses ne me seraient pas appa-
rues. (A Charles.) Mais dites-moi, monsieur Vautel,
savez-vous que vous allez nous manquer beaucoup ?
Une partie de notre existence se trouvera boule-
versée par votre départ.

HENRI.

Nous étions habitués à dîner avec toi au moins deux fois par semaine.

MADELEINE.

Nous allions baguenauder ensemble dans les cabarets !

HENRI.

Tu étais le fil qui me reliait à mon passé ?

CHARLES.

Hé là ! Mes bons amis, ne m'enterrez pas si vite, vous allez me revoir dans un mois !

MADELEINE.

Nous l'espérons bien, par exemple !

CHARLES, riant.

Si le Préfet Maritime me retient, vous lui ferez une scène !

MADELEINE.

Ça, il peut en être sûr ! Je le ferai corriger par les ouvriers des arsenaux !

CHARLES, se préparant à partir.

Je me sauve, il est tard !

HENRI.

Nous comptons sur toi pour quelques instants si tu ne peux pas dîner.

CHARLES.

C'est entendu. (A Madeleine.) Au revoir, chère amie, à tout à l'heure. (A Henri.) Au revoir, mon vieux !

Il sort.

SCÈNE II

HENRI, MADELEINE.

HENRI.

Je suis très peiné de voir partir Charles.

MADELEINE.

Vraiment ? Tu n'es plus jaloux de lui ?

HENRI.

Es-tu sotte de me rappeler cette faiblesse !

MADELEINE.

Faiblesse... faiblesse... dans tous les cas, tu n'as jamais consenti à ce que nous prissions un appartement ensemble.

HENRI.

Voyons, conviens-en avec moi, cela n'aurait pas été convenable.

MADELEINE.

Qui pouvions-nous choquer ? Nos relations, peut-être ? Les clients de M. Legris ?

HENRI.

Legris ? Veux-tu que je te le dise ? C'était encore une de ses idées, cet appartement en commun !

MADELEINE.

Où as-tu pris cela ?

HENRI.

Je ne sais pas... J'ai réfléchi... es-tu bien sûr qu'il ne t'en ait jamais parlé ?

MADELEINE.

Certainement, une telle question ne saurait l'intéresser.

HENRI.

Vois-tu, Germaine, je me suis vendu à ce coquin, j'ai déjà fait avec lui plusieurs pas dans la boue, mais qu'il ne s'avise jamais de tenter quelque coup contre Charles !

MADELEINE.

Allons, mon pauvre chéri, tu déraisonnes ! Tu es devenu inquiet, irritable, je t'assure, ton état nerveux me tourmente en ce moment, tu devrais consulter et te soigner.

HENRI.

Pour me guérir, il faudrait me délivrer du joug abominable que je subis !

MADELEINE.

Enfin, avoue-le, Legris n'a pas d'exigences exagérées...

HENRI.

Non, jusqu'à présent nous nous en sommes tenus à des prêts usuraires, à des opérations plus ou moins délicates, mais la menace de son regard implacable me fait trembler, et ses dehors doucereux ne me trompent en aucune façon. Je suis l'esclave de cet homme. Il a dû m'entourer d'un inextricable réseau pour me contraindre un jour à ne pas reculer devant une infamie.

MADELEINE.

Tu souffres ? Tu me reproches sans doute en toi-même d'avoir causé ton malheur ?

HENRI.

Oui, Germaine, je songe que pour toi j'ai suivi l'horrible chemin qui conduit à l'abîme où je tomberai fatalement, mais pourquoi t'adresser des reproches? Ne t'es tu pas donnée à moi? Ne suis-je pas largement payé?

MADELEINE, l'enlaçant.

Oui, je me suis donnée, mon amant, mon amant adoré! Puisses-tu ne jamais savoir jusqu'à quel point je t'ai dans l'âme et dans la chair! Il faut se moquer, vois-tu, de ce monde qui nous entoure... Notre vie doit être une longue ivresse, la seule catastrophe serait qu'elle se dissipât! Faisons à tâtons les gestes indispensables pour remplir et pour vider notre coupe, jetons dans le brasier tout ce qui peut servir à entretenir la flamme, rien n'est sacré, notre amour seul est sacré!

HENRI.

Oh! Continue à me brûler de tes baisers, à m'étreindre dans tes bras! Annihile délicieusement ma volonté et ma pensée! Je t'aime!

Ils restent un moment enlacés, puis on entend sonner.

HENRI, se dégageant brusquement.

Qui peut sonner? Legris!...

MADELEINE.

Pourquoi Legris? Il ne devait pas venir aujourd'hui. Il ne faut pas te laisser obséder par l'image de cet homme.

HENRI.

C'est lui, j'en suis sûr! Je l'ai deviné, je le pressentais! (La porte du deuxième plan à droite s'ouvre. Legris entre, introduit par un domestique. Henri le montrant à Madeleine.) Tiens!

SCÈNE III

LES MÊMES, LEGRIS.

LEGRIS, a une serviette sous le bras.

Bonjour, chère madame, comment allez-vous Delange ?

HENRI.

Très bien, je vous remercie. Je ne vous attendais pas, qu'y a-t-il donc ?

LEGRIS, s'asseyant.

Oh ! Rien de bien important ? J'avais un petit mot à vous dire au sujet d'une nouvelle affaire, et comme je passais dans votre quartier...

MADELEINE.

Je vous laisse...

LEGRIS.

Restez donc, chère madame, je vous en prie, vous pouvez assister à notre conversation, j'ai même l'intention de vous demander votre concours en cette circonstance.

MADELEINE.

Ah ! Très bien ! Je vous suis toute acquise !

LEGRIS.

Je n'en ai jamais douté, chère Madame.

HENRI.

De quoi s'agit-il ?

LEGRIS.

Votre ami, M. Charles Vautel, ne part-il pas en voyage ce soir ?

HENRI.

Si, comment le savez-vous ?

LEGRIS, faisant le geste de l'affiche comme.

Je sais tout !

HENRI.

[Vous avez un renseignement à demander à mon ami ?

LEGRIS.

Oh! J'en aurais plusieurs, seulement il ne me les donnerait pas.

HENRI.

Alors, que lui voulez-vous ?

LEGRIS, changeant de ton.

Veuillez m'écouter avec attention, je vous prie, et ne pas m'interrompre. Ce soir, M. Vautel viendra vous faire ses adieux. Il sera porteur d'une serviette semblable à celle-ci. (Il montre la serviette qu'il a sous le bras.) Quand il aura déposé cette serviette sur un meuble, madame la fera disparaître et la remplacera par la mienne que je vais vous laisser. A dix heures, je viendrai vous prier de me remettre le corps du délit, c'est tout !

HENRI, tremblant et pâle.

Et vous croyez que nous allons faire cela ?

LEGRIS.

J'en suis convaincu.

MADELEINE.

Monsieur Legris, vous n'ignorez pas notre amitié profonde pour M. Charles Vautel...

LEGRIS.

Certainement, et vous me rendrez cette justice

que j'ai tout fait pour resserrer les liens de cette
amitié, témoin cette lettre anonyme qui avertit le
jeune officier de votre situation difficile à l'hôtel
Coustou.

MADELEINE.

Vous ne pouvez pas raisonnablement nous demander de lui voler des documents qu'il doit défendre au péril de sa vie. N'importe quelle gredinerie vaut mieux qu'un pareil abus de confiance.

LEGRIS.

N'importe quelle gredinerie... Vous allez peut-
être un peu loin... Cependant j'aurais préféré vous
épargner cette épreuve. Si, par exemple, M. Vautel était venu habiter chez vous, j'aurais pu prendre des clichés, des notes et ne pas le compromettre
directement en quelque sorte.

HENRI, qui depuis un moment serrait les poings,
éclatant soudain.

Vous, je vais tout simplement vous prendre par
les épaules et vous jeter dans l'escalier !

LEGRIS.

Essayez donc ! Je me suis mesuré dans ma vie
avec des lapins autrement taillés et autrement
dangereux que vous ! Je suis un ancien agent de la
sûreté, mon petit monsieur, et je vous étranglerais
comme un poulet, si je mettais cette patte-là sur
votre jeune cou ! Allez ! Restez tranquille et veuillez m'écouter au lieu de faire des fanfaronnades !

HENRI.

Je ne commettrai pas la trahison que vous me
demandez, vous perdez votre temps !

LEGRIS.

C'est ce que nous verrons! Ah! Monsieur veut ou
ne veut pas, monsieur marchera pour telle chose
et non pour telle autre! Ah ça? Est-ce que vous
me prenez pour un imbécile? Vous figurez-vous
que je vous entretiens luxueusement pour vos
beaux yeux? Vous avez fait un pacte avec moi, il
ne s'agit plus de le renier! Personne n'a jamais
volé Legris, entendez-vous? Et malheur à celui qui
commencerait!

HENRI.

Vous ferez de moi ce que vous voudrez! Désho-
norez-moi, tuez-moi, ça m'est égal!

LEGRIS.

Je ne ferai ni l'un ni l'autre, j'ai mieux!

HENRI.

Comment? Mieux?

LEGRIS, montrant Madeleine.

Madame est plus fine et comprends peut-être.

HENRI.

En quoi mon amie se trouve-t-elle mêlée à vos
saletés?

LEGRIS.

Je ne dis pas qu'elle y soit mêlée, je dis qu'elle
est plus fine et parviendra sans doute à vous faire
entendre raison.

MADELEINE.

Henri, je ne connais pas les desseins de cet
homme, mais je sens qu'il faut le supplier, lui demander à genoux de nous faire grâce, de nous
épargner le rôle abominable qu'il veut nous faire
jouer.

HENRI.

Ah! ah! Si tu veux toucher son cœur!

LEGRIS.

Oui, je crois la démarche assez inutile. Mes petits amis, il s'agit d'un million, je vous aime beaucoup, mais vous me coûtez déjà assez cher pour que je vous sacrifie encore une pareille aubaine!

MADELEINE.

A qui devez-vous livrer ces documents?

LEGRIS.

C'est mon affaire!

MADELEINE.

Monsieur Vautel sera-t-il compromis?

LEGRIS.

Non. Il devra rendre compte de l'accident, on fera une enquête, et très probablement sa bonne foi sera reconnue.

HENRI.

Mais si elle ne l'est pas? Si un soupçon...

LEGRIS.

Bah! Un soupçon... un soupçon... sur qui ne plane-t-il pas des soupçons?

HENRI.

Et puis, en dehors de Charles, il y a l'infamie de la trahison...

LEGRIS.

Monsieur est patriote?

HENRI.

Mon cerveau est construit de telle façon que je n'en puis déraciner certaines idées.

LEGRIS.

Mon ami, quand on est à ce point rongé par les scrupules, on n'accepte pas des emplois... spéciaux.

HENRI.

Vous avez profité de ma détresse et de mon affolement.

LEGRIS.

C'est possible. Toujours est-il que je vous paye et que vous me devez vos services.

HENRI.

Pas ceux-là. Vous m'avez promis de ne jamais m'exposer au scandale.

LEGRIS.

Et je tiens parole. J'ai pris mes dispositions. Vous ne serez point inquiétés au sujet de cette affaire. Allons! Plus d'enfantillages! Je vous pardonne vos hésitations; aujourd'hui, je vous demande une chose un peu raide, je l'avoue, mais il faut bien donner un coup de collier une fois par hasard!! Du reste, le bénéfice vous dédommagera suffisamment.

HENRI.

N'insistez plus. Je ne vous obéirai pas.

LEGRIS.

C'est bien! Voilà une déclaration très nette. Vous avez de la volonté aujourd'hui. Voulez-vous aller dans votre bureau et me faire un relevé des commissions que je vous ai versées jusqu'ici?

HENRI.

Si vous voulez.

Il sort.

SCÈNE IV

MADELEINE, LEGRIS.

LEGRIS.

Ce compte est un prétexte, j'ai écarté Delange pour pouvoir vous dire deux mots. Vous ne vous dissimulez pas la gravité de son refus.

MADELEINE.

Non. Mais je n'en suis pas responsable, moi je consens à faire ce que vous voulez.

LEGRIS.

Responsable ou non, c'est vous qui paierez.

MADELEINE.

Vous iriez vous servir...

LEGRIS.

Du dossier ? Mais oui, ma pauvre amie !

MADELEINE.

Vous avertiriez le parquet... vous me feriez arrêter... vous. Oh ! non, monsieur Legris, vous n'avez pas cette idée-là !

LEGRIS.

Hélas !

MADELEINE.

Puisque je vous répète que moi, je suis prête à vous obéir, à user de mon influence auprès d'Henri... J'emploierai tous les moyens, les supplications, les caresses... Je vous assure... Je vous jure...

LEGRIS.

Certainement, je compte sur votre concours dévoué, mais les résultats seuls ont une valeur. Si ce soir à dix heures, je n'ai pas la serviette de l'enseigne Vautel, tant pis pour vous, vous êtes ma caution! Et je suis un homme sérieux, je ne vous raterai pas pour le principe... Au reste vous me connaissez.

MADELEINE.

Grâce! Ayez pitié!

LEGRIS, entendant Henri qui revient.

Chut!... Delange...

SCÈNE V

LES MÊMES, HENRI.

HENRI, un papier à la main.

Voici votre relevé de comptes.

LEGRIS, prenant le papier.

Merci. Je reviendrai ici à dix heures, réfléchissez!

HENRI.

Il est inutile de vous déranger.

LEGRIS.

Bah! Qui sait?

HENRI.

Misérable!

LEGRIS, sortant.

Gamin!

SCÈNE VI

HENRI, MADELEINE.

HENRI.

Que va-t-il faire ?

MADELEINE.

Je l'ignore, mais je sens très nettement que nous sommes perdus.

HENRI.

Je croyais être plus loin du précipice, le voici ! Ah ! J'aime mieux encore l'apercevoir sous cette forme... Il me semble qu'en refusant de commettre ce crime, je me réhabilite un peu ! Madeleine ! Plus que jamais nous devons nous plonger dans notre ivresse... Dis-moi, si nous mourrions ensemble ?

MADELEINE.

Je suis à toi. Dispose de ma vie !

HENRI, désignant une bague que Madeleine porte au doigt.

Eh bien ! Nous allons ouvrir le châton de cette bague dont Charles te fit cadeau en revenant de Sumatra. Elle renferme du venin qui sert à empoisonner les Criss malais. L'on n'a qu'à tremper une aiguille dans ce venin et à se faire une légère piqûre. en peu d'instants, la mort vient, affirme-t-on.

MADELEINE.

Je suis à toi. Dispose de ma vie !

HENRI, cherchant à l'entraîner.

Viens !

MADELEINE.

Tu ne désires pas revoir ton ami ? Il vaudrait
mieux aussi lui épargner le spectacle...

HENRI.

Oui, tu as raison. Il vient à six heures, n'est-ce
pas ?

MADELEINE.

A six heures.

HENRI.

C'est bien, nous attendrons qu'il soit parti : je
vais ranger quelques papiers.

Il va pour sortir.

MADELEINE, très doucement.

Henri ?

HENRI, se retournant.

Qui a-t-il ma chérie ?

MADELEINE.

Pourquoi veux-tu mourir ?

HENRI.

Parce que nous sommes en plein bonheur, en
plein amour et qu'il ne faut pas attendre l'adversité prochaine.

MADELEINE.

Es-tu sûr de ne pouvoir écarter l'adversité ?

HENRI.

Hélas! Oui, Legris nous fera payer cher la perte
de son million. Mais, dis-moi, la mort t'épouvante ?

MADELEINE.

Je ne puis me défendre d'un frisson instinctif...

HENRI, la berçant dans ses bras.

Voyons, méchante, près de moi, mes lèvres contre tes lèvres, tu as peur ?

MADELEINE, très bas.

Oui.

HENRI.

Je t'aurais cru plus courageuse.

MADELEINE.

Cherche bien, tu trouveras peut-être un moyen d'éviter la vengeance de Legris...

HENRI.

Lequel ?

MADELEINE.

Prendre les documents, par exemple, les donner... puis avertir le ministère...

HENRI, étonné.

Comment ? Tu songes à la possibilité de satisfaire Legris ?

MADELEINE.

Je songe à nous sauver... Tu as toujours eu ce défaut mon pauvre chéri d'abandonner trop vite la lutte.

HENRI.

C'est toi, que j'entends parler ainsi !

MADELEINE.

Je fais mon devoir en te protégeant contre toi-même.

HENRI.

Oh ! Madeleine ! Madeleine ! Toi qui supportas si vaillamment les jours d'épreuve !

MADELEINE.

Eh bien, j'ai perdu mon courage d'autrefois, il ne fallait pas me rendre à la vie facile et au luxe!

HENRI.

Tu ne m'aimes plus !

MADELEINE.

Fou ! C'est justement parce que je t'aime que je ne puis me résoudre à détruire notre bonheur. Ah ! Tu n'en comprends pas le prix sans quoi...

HENRI.

Sans quoi ?

MADELEINE.

Ton égoïsme deviendrait implacable, féroce et tu te défendrais comme une bête défend sa proie.

HENRI.

Et je perdrais mon ami, mon frère, mon sauveur!

MADELEINE.

Oui, je te l'ai dit tantôt : notre amour seul est sacré !

HENRI.

Il n'est qu'une femme pour en arriver à cette inconscience et à cette amoralité.

MADELEINE.

Une femme ne connaît point le froid calcul des conséquences, elle suit ses instincts et son cœur.

HENRI.

Nos instincts sont différents, voilà tout! Les miens se révoltent devant l'infamie que tu me proposes.

MADELEINE, prenant Henri dans ses bras.

Crois tu au pouvoir de mes baisers, de mes caresses ? Crois-tu qu'il soit un remords dont la volupté n'ait point raison ? Au moment d'agir, plonge ton regard dans le mien et tu trouveras la force qui te manque.

HENRI, se dégageant.

Non ! Laisse-moi ! Je ne faiblirai pas. Si la mort te répugne, je mourrai seul !

MADELEINE, farouche.

Tu es un lâche ! Tu es indigne de mon amour et puisque tu me fais passer après tes scrupules et ton amitié, je t'abandonne, je m'en vais...

HENRI.

Voyons, c'est un enfantillage ! Où veux-tu aller ?

MADELEINE.

Je retourne dans mon pays, près des miens que j'ai abandonnés pour te suivre.

HENRI.

Tu me laisserais seul dans un pareil moment !

MADELEINE.

Je n'accepte pas le partage. Tu me connais, tout ou rien ! Tu n'es pas l'homme que je croyais, tu ne m'intéresses plus !

Elle va pour sortir.

HENRI, courant à elle, la saisissant par les mains.

Allons ! C'est impossible ! Tu me caches quelque chose, tu as d'autres raisons pour servir ainsi les desseins de Legris !

MADELEINE.

Non ! non ! Je veux m'en aller ! Lâche-moi ! Je veux m'en aller !

HENRI.

Vous avez un secret tous les deux! J'en suis sûr,
j'en ai l'intuition très nette maintenant!

MADELEINE.

Soit! Puisqu'il faut en arriver là, je vais parler!
Tu l'auras voulu !

HENRI.

Parle! parle! Dis vite....

MADELEINE.

J'ai tué mon mari!

HENRI.

Tu...

MADELEINE.

Je l'ai empoisonné pour t'appartenir toute entière !

HENRI.

Tu as fait cela!

MADELEINE.

J'ai fait cela sans hésiter, froidement...

HENRI.

Malheureuse !

MADELEINE.

Tu vois jusqu'à quel point je t'aime...

HENRI.

Et Legris a des preuves, il te menace ?...

MADELEINE.

Oui.

HENRI.

Alors, si nous n'obéissons pas, tu seras dénoncée ?

MADELEINE.

Oui.

HENRI.

Mais les preuves qu'il a sont-elles indéniables ?

MADELEINE.

Il possède un redoutable dossier, mon avocat ne pourrait plaider que la folie, et mon crime fut préparé avec une si grande lucidité...

HENRI.

Tu vois, moins que jamais, nous ne devons hésiter à mourir...

MADELEINE, affolée.

Henri ! Je t'en supplie, je ne veux pas mourir ! Sauve-moi ! Défends-moi des juges, de la prison, de l'horrible prison où je vivrais sans toi, sans amour, dans le sépulcral silence pendant des années et des années encore ! J'ai peur, mon petit Henri, mon chéri, sauve-moi ! J'ai peur !

HENRI, pleurant.

Mon Dieu ! Mon Dieu !

MADELEINE.

Tu comprends... Le suicide à mon âge... c'est affreux, non, non, je ne veux pas !

HENRI.

Que faire ?

MADELEINE.

Comment ! Tu hésites ? Est-ce que j'ai hésité devant le crime, moi ? Oh ! L'ingrat ! L'ingrat !

HENRI.

Soit ! Nous irons jusqu'au bout ! Calme-toi.

MADELEINE.

Merci, mon adoré, merci ! Oh ! Comme tu m'aimes, tu verras, je te consolerai, je...

HENRI.

Tais-toi, je t'en prie... (Court silence. On sonne.) Ciel ! Voilà Charles !

MADELEINE.

Courage !

SCÈNE VII

LES MÊMES, CHARLES.

CHARLES, entrant, il a une serviette sous le bras semblable à celle de Legris qu'il dépose sur le canapé.

Je tiens ma promesse, je viens vous dire adieu, mais il m'est impossible de diner avec vous. j'ai deux courses à faire avant de prendre mon train.

MADELEINE.

Asseyez-vous toujours une minute, je vais vous offrir un verre de porto.

CHARLES.

Non, je vous assure, je suis très pressé...

MADELEINE.

Le coup de l'étrier, vous n'avez pas le droit de me refuser cela.

CHARLES.

Ce que femme veut... (A Henri.) Comme tu as mauvaise mine, mon vieux ! Tu parais tout retourné, aurais-tu éprouvé quelque désagrément tantôt?

HENRI.

Oui... j'ai eu une discussion... assez vive... avec Legris! Tu sais, je suis très nerveux...

CHARLES.

Il n'y a rien de grave, au moins?

HENRI.

Non, nous avons fini par tomber d'accord.

CHARLES.

Ne nous frappons pas, a dit notre maitre Allais! Pourquoi prends-tu toujours la vie au tragique?

HENRI.

Ne l'est-elle pas souvent?

CHARLES.

Je te conseille de te plaindre! Tout te réussit, tu es le favori de l'amour et de la fortune.

HENRI, qui suit des yeux le manège de Madeleine.

Tu as raison, je suis un homme heureux.

Madeleine prend la serviette de Legris dans le casier à musique.

CHARLES, riant.

Ah! ah! ah! Tu dis ça d'un ton lugubre (A Madeleine.) Ce pauvre Henri est complètement neurasthénique, Legris déteint sur son esprit.

MADELEINE.

C'est votre départ qui l'attriste, et moi-même...

CHARLES.

Mais sac à papier! Encore une fois, je ne vais pas aux antipodes! (Madeleine change la serviette.) Que direz-vous à mon prochain embarquement?

MADELEINE.

Ne vous plaignez pas d'être regretté.

CHARLES.

Je suis humilié, j'ai l'air de votre petit garçon qui
part pour le collège !

MADELEINE.

Tâchez d'avoir de bonnes notes ?

Elle met la serviette de Charles dans le casier à musique.

CHARLES.

Papa et maman, je serai bien sage !

MADELEINE.

Ça, nous ne vous le demandons pas, c'est l'affaire
de mademoiselle Lisette des Variétés.

CHARLES.

Lisette ? Dites-lui que je suis parti au Tonkin,
hein, n'oubliez pas ?

MADELEINE.

Comment, vous ne renouvelez pas votre abonne-
ment ?

CHARLES.

Non, j'espère avoir trouvé un service gratuit.

MADELEINE.

Tous mes compliments !

CHARLES.

Cette fois, le moment est venu des adieux émou-
vants (A Henri.) Soigne ta neurasthénie toi, et vous,
chère amie, préparez le festin du retour, je ferai
mon possible pour être à Paris avant un mois.

Tous trois se serrent les mains, Charles sort après avoir

pris la serviette de Legris. Henri balotant, les yeux
fixés sur la serviette restée dans le casier à musique,
n'y tenant plus la prend et court derrière Charles en
criant.

HENRI.

Charles !

MADELEINE.

Henri !

HENRI, en coulisse.

Charles! Charles!

CHARLES.

Quoi ?

HENRI.

Ta serviette.

CHARLES.

Ma serviette ?

HENRI.

Oui, ta serviette.

CHARLES.

Mais je l'ai...

HENRI.

Non, c'est la mienne...

CHARLES.

Comment la tienne!

HENRI.

Oui tu t'es trompé, mon vieux monte, viens voir !

CHARLES.

Voilà! Voilà!

Ils rentrent tous les deux.

HENRI.

Tiens regarde... Germaine avait mis la tienne
dans le casier a musique lorsque tu es entré...

CHARLES, ouvrant la serviette.

Tiens! C'est vrai, tu as raison, un peu plus je faisais un joli coup. (Prenant sa serviette.) Je te remercie! (Il va baiser la main de Madeleine, celle-ci a un geste de rage.) Heureusement que j'étais chez vous!

Il sort accompagné d'Henri.

SCÈNE VIII

MADELEINE, HENRI.

MADELEINE, seule.

C'est fini! Je suis perdue... c'est fini!

HENRI, entrant, va tomber aux genoux de Madeleine.

Pardonne-moi, oh! Pardonne-moi, Madeleine, je n'ai pas pu.

MADELEINE, le repoussant durement.

Tu es un misérable et un lâche, je te hais!

Rideau.

ACTE QUATRIÈME

Le Piège.

Même décor qu'au troisième acte.

SCÈNE PREMIÈRE

MADELEINE, HENRI.

Au lever du rideau Henri est écroulé dans un fauteuil. Madeleine se promène fébrilement en regardant presque à chaque seconde la pendule.

MADELEINE.

Encore trois quarts d'heure ! Dans trois quarts d'heure Legris viendra chercher les documents ! Tout détour est impossible, nous ne les avons pas, voilà ! (A Henri.) Et dire que c'est toi qui me fais endurer cette torture !

HENRI, d'une voix suppliante.

Madeleine ! Je t'en conjure ne m'accable pas, si tu savais...

MADELEINE.

Oui, tu vas recommencer tes jérémiades pauvre imbécile !

HENRI.

Oh ! quelque tragiques que soient ces instants,
épargne-moi des paroles aussi haineuses ! Il n'est
pas possible que ton amour soit mort tout entier
d'un seul coup ?

MADELEINE.

Si ! Cela peut sembler étrange, mais en mon âme
et conscience, je ne t'aime plus ! Sans doute le bes-
tial instinct de la conservation a-t-il produit ce
phénomène. La seule pensée du danger imminent
me domine. Je me demande même à cette heure
comment j'ai pu m'éprendre de l'être faible et sans
volonté qui est devant moi.

HENRI.

Madeleine ! La frayeur t'aveugle, une seule
étreinte ferait cesser les blasphèmes !

MADELEINE.

Tes étreintes ne sauraient plus m'émouvoir, je
me connais maintenant, je ne puis aimer qu'un
amant capable d'être un complice !

HENRI.

Tu te calomnies, ton charme ne fut pas toujours
pervers et violent, je t'ai connue très tendre, très
douce, souviens-toi... notre promenade à mon cabanon de Martigues par une journée souriante de mai.
Avec ta robe et ton ombrelle claires, ton chapeau
garni de cerises, n'avais-tu pas l'air d'une jeune
fiancée ? Et rien ne manquait à cette illusion, ni
les propos innocents que tu tenais, ni les baisers
furtifs dont tu effleurais mes doigts...

MADELEINE.

Tais-toi ! N'évoque pas ces heures là, ne parle

pas du soleil de la Provence, de la liberté au moment où j'entends déjà grincer les verrous, se refermer sur moi le tombeau. Autrefois, j'ai visité une maison centrale, tu ne peux pas savoir... c'est horrible... il fait froid... les murs sont nus .. les pas résonnent. Il y a de grands ateliers que surveillent des sœurs, et jamais nul n'a le droit de prononcer un mot. La nuit, c'est la cellule où, dans une couchette, on agonise de regret et de désespoir !

HENRI.

Eh bien non ! tu n'iras pas dans cet enfer ! Je te sauverai quand même !

MADELEINE.

C'est trop tard ! Il fallait prendre une résolution tout à l'heure !

HENRI.

Je n'ai pas pu trahir mon ami, mais je pourrai tuer un homme !

MADELEINE.

Tuer Legris ? Toi ?

HENRI.

Oui, moi.

MADELEINE.

Allons donc ! Tu plaisantes ! Tu n'es même pas parvenu à le mettre à la porte.

HENRI.

Il n'est plus question de force physique cette fois. le revolver a raison d'un hercule !

MADELEINE.

Nous serions arrêtés tous les deux, voilà tout !

HENRI.

Non, car toi, tu vas fuir, moi je resterai pour attendre Legris.

MADELEINE.

Ton projet ne tient pas debout, le gredin a pris soin de se réserver une vengeance posthume, il m'a prévenue.

HENRI.

Cette menace-là est sans doute vaine !

MADELEINE.

Je suis sûre du contraire. J'en ai des preuves même.

HENRI.

Eh bien ! Nous avons de l'argent, partons à l'étranger ce soir-même, n'attendons pas, notre ennemi, nous gagnerons toujours du temps...

MADELEINE.

J'ai songé à cela avant toi. Ce serait une folie, nous perdrions nos dernières chances de salut.

HENRI.

Comment ? Tu en entrevois ?

MADELEINE.

Je ne sais pas... je cherche... peut-être. Dans tous les cas, il vaut mieux regarder le danger en face que de le fuir. Dis-moi, en dehors des affaires quel homme est-ce Legris ?

HENRI.

Je connais mal sa vie privée...

MADELEINE.

Sans doute, mais il vous est bien arrivé de bavarder ensemble pendant vos courses ou vos voyages ?

HENRI.

Quelquefois. Il m'a toujours fait l'impression d'un cynique et d'un jouisseur.

MADELEINE.

Ah! C'est bien ainsi que je le jugeais du reste. A-t-il une maîtresse attitrée ?

HENRI.

Non, je ne crois pas. Mais pourquoi me poses-tu ces questions?

MADELEINE.

Pour mieux plaider ma cause quand je le recevrai.

HENRI.

Comment? Quand tu le recevras? Je ne vais pas te laisser seule avec lui!

MADELEINE.

Si!

HENRI.

Jamais de la vie! Tu es folle! Je connais votre secret, maintenant et...

MADELEINE.

Je préfère qu'il en soit ainsi.

HENRI.

Madeleine, prends garde, je n'ose deviner ta pensée...

MADELEINE.

En voilà assez! N'est-ce pas ? Tu ne veux pas m'empêcher de me défendre ?

HENRI.

Je veux t'empêcher de te donner à cet homme !

MADELEINE.

Ce moment est mal choisi pour me faire une scène
de jalousie. Si tu avais un tel amour pour moi, tu
n'avais qu'à me sauver !

HENRI.

Tu vois, tu avoues, tu veux séduire Legris ?

MADELEINE.

Est-ce qu'on séduit une brute ? Une bête féroce
affamée ?

HENRI.

Je connais le pouvoir de ton charme.

MADELEINE.

Hélas ! Il serait impuissant cette fois...

HENRI.

Alors pourquoi veux-tu recevoir ce misérable ?
Que lui diras-tu ?

MADELEINE.

Ça me regarde !

HENRI.

Soit ! Tu parleras devant moi !

MADELEINE.

Tu crois ? Eh bien, moi je te dis ceci : Quand
Legris sonnera tu passeras dans une autre pièce et
tu y resteras sans mot dire jusqu'à la fin de l'entrevue, tu agiras ainsi parce que tu ne peux pas
empêcher une femme qui a risqué sa tête pour toi
de la défendre par tous les moyens.

HENRI.

Je t'adore ! La seule pensée qu'un autre et quel autre te donnerait un baiser, frôlerait ta chair me rend fou, me fait voir rouge ! Madeleine, je suis capable de te tuer tout de suite, là, comme un chien !

MADELEINE.

Allons donc ! Nous savons la valeur de tes résolutions !

HENRI, avec un geste de menace.

Madeleine !

On sonne.

MADELEINE, soudain très pâle.

Écoute !

HENRI.

Encore une fois, je t'en prie, laisse-moi rester ici, assister...

MADELEINE, le faisant sortir par la porte de droite.

Va, va, oh ! Va donc !

Quand il est sorti elle ferme la porte derrière lui à double tour.

SCÈNE II

MADELEINE, LEGRIS.

MADELEINE, seule.

Je suis perdue peut-être... Eh bien, non... A nous deux Legris !

LEGRIS, entrant et regardant autour de lui.

Tiens ! Vous êtes seule ? Et Delange, où est il ?

MADELEINE.

Il est sorti...

LEGRIS.

Sorti ? Est-ce que par hasard ?

MADELEINE, faiblement.

Oui !

LEGRIS.

Vous n'avez pas les papiers! (se rapprochant de Madeleine.) J'ai bien entendu, vous n'avez pas les papiers ? Le coup est raté ?

MADELEINE.

Oui.

LEGRIS, très en colère.

Ah! Tas de rosses! Vous allez me la payer cher! Comment! Un million! Un million! Vous me faites perdre un million!

MADELEINE.

J'avais tout préparé, Vautel sortait en emportant l'autre serviette, quand cet imbécile d'Henri l'a rappelé!

LEGRIS.

Et vous n'avez pas eu plus d'empire sur lui? Il s'est moqué de vous à votre nez comme ça? Vous n'êtes pas une femme!

MADELEINE.

Sa décision fut si brusque, si imprévue, il venait de me promettre...

LEGRIS.

Il fallait manger le morceau, lui raconter votre histoire.

MADELEINE.

Je la lui ai racontée.

LEGRIS.

Et il n'a pas marché ? Quelle crapule !

MADELEINE.

Vous le voyez bien, monsieur Legris, je ne suis pas coupable.

LEGRIS.

C'est possible.

MADELEINE.

Vous voulez pourtant vous venger de moi.

LEGRIS.

Je tiens toujours mes promesses.

MADELEINE.

Quel bénéfice en aurez-vous ?

LEGRIS.

Aucun. Je cours des risques au contraire, mais je préférerais me faire couper le cou plutôt que de m'être laissé jouer impunément ! Ne pas vous exécuter serait un déni de justice et ma conscience me le reprocherait !

MADELEINE.

Vous avez d'étranges scrupules !

LEGRIS.

Étrange pourquoi donc ? Quoique vivant en marge de la société, je suis un homme comme un autre, et je ne puis sans une révolte de tout mon être, voir une faute demeurée impunie !

MADELEINE.

Alors, vous devez gémir de ne pas être au bagne !

LEGRIS.

Non, car ayant su par mon industrie, éviter le
châtiment, je ne le mérite pas. Ah ! Votre pauvre
cerveau de femme ne saura jamais comprendre
certaines grandre idées ! Vous voyez le coquin stupide et brutal dénué de tout sentiment d'honneur
ou d'élégance et vous ne soupçonnez pas qu'il possède des qualités bien souvent absentes chez un
bourgeois ! Nous avons une morale, elle nous est
particulière, mais elle est indéniable, sans quoi toute
association, toute entreprise en commun nous seraient défendues.

MADELEINE.

Et c'est au nom de cette morale que vous allez
me trahir et me livrer aux juges ?

LEGRIS.

Je n'ai pas un esprit aussi dogmatique, je songe
surtout à savourer ma vengeance.

MADELEINE.

La vengeance est le plaisir des dieux, mais surtout le plaisir des petits esprits et des impuissants.

LEGRIS.

Comment pouvez-vous tenir ce raisonnement,
vous ? Vous qui avez suivi chaque jour l'agonie de
votre victime, qui vous êtes réjouie profondément
en silence quand vos doigts ont fermé certains yeux
menaçants

MADELEINE.

Je ne me suis pas vengée, je me suis défendue !

LEGRIS.

Bah ! N'aviez-vous pas, en dehors de votre désir
d'être libre certains comptes à régler ? Votre mari

8

était un homme autoritaire, brutal! Mais laissons tout cela, s'il y a des voluptés qui vous sont inconnues, tant pis pour vous! Moi, je sais une chose, c'est que je m'offrirai une vengeance capable de me faire oublier mes espérances déçues! Au revoir!

Il va pour sortir. Madeleine le rappelle.

MADELEINE.

Legris! Comme vous êtes maladroit et sot!

LEGRIS.

Plaît-il?

MADELEINE.

Je répète : comme vous êtes maladroit et sot !

LEGRIS, *la regardant dans les yeux.*

Ah! Oui, je comprends!... Ma petite, vous perdez votre temps, vous comprenez que si j'avais voulu accepter cette monnaie-là, je serais payé depuis longtemps!

MADELEINE.

Vous avez un bien grand mépris pour cette monnaie-là !

LEGRIS.

Non, mais j'en connais la valeur exacte. Dans ma carrière déjà longue, j'ai souvent profité du suprême argument féminin : il ne saurait plus me convaincre. Une femme qui se donne, par crainte ne procure que des joies bien vulgaires, bonnes, tout au plus, pour un blanc-bec. Je suis devenu difficile.

MADELEINE.

Aussi ai-je mieux à vous offrir.

LEGRIS.

De l'amour n'est-ce pas?

MADELEINE.

Presque...

LEGRIS.

Décidément, je me suis trompé sur votre compte,
vous êtes d'une banalité désespérante. Savez-vous
combien de fois l'on m'a servi ce cliché-là ? Savez-
vous le nombre des clientes qui m'ont adoré au moment où j'allais les coffrer ?

MADELEINE.

Il doit être considérable en effet.

LEGRIS.

Alors, il suffit, n'insistez pas !

MADELEINE.

Si, j'insisterai parce que vous n'avez pas compris.
Je n'ai pas la stupidité de dire que je vous aime
et d'autre part me donner à vous me procurerait
d'étranges délices.

LEGRIS, railleur.

Quelle conviction ! Vous seriez une admirable comédienne !

MADELEINE.

Croyez-vous au démon ?

LEGRIS.

Ça m'arrivera peut-être un jour, mais pour le
moment!...

MADELEINE.

Eh bien, moi, j'y crois! Parce qu'il me torture et
me brûle, parce que tous les vices, toutes les mons-
truosités morales excitent follement mes désirs et
que j'admire ta sereine et puissante infamie Legris!

LEGRIS.

Allons! Ne me racontez pas ces histoires-là, vous

avez pris un amant qui n'avait rien de démoniaque,
nous en vîmes les preuves, hélas !

MADELEINE.

Les sens ne sont pas toujours d'une logique absolue.

LEGRIS.

Ce que vous dites me paraîtrait peut-être vrai-
semblable en d'autres circonstances. Pourquoi avez-
vous attendu le danger immédiat pour me parler
ainsi ?

MADELEINE.

Je n'en fais pas mystère, je cherche à me donner
pour mon salut, je vous ai attendu pour vous séduire, c'est vrai... je veux éviter les juges et la
prison et je vous offre mes caresses comme rançon... Mais je trouve plaisir à te la payer cette
rançon... J'ai délicieusement peur de toi, je sens
que tu es mon maître, un maître terrible qui n'a
qu'à refermer la main pour m'écraser, les autres
aussi te craignent, tu es redoutable, tu ne connais
pas la peur, tu es un fort, alors, j'ai des instincts
de fille, comprends-tu ? Et l'amour que tu me don-
nerais me flatterait dans mon orgueil de bête asser-
vie !

LEGRIS.

Par ma foi ! Tu sens la catin à plein nez !

MADELEINE.

Et cela t'émeut hein ? Je suis bien la maîtresse
qu'il te faut, coureur de brasseries et de lupa-
nars ! Tu aimes les baisers faisandés ! Va ! Tu ne
trouveras jamais mieux, la criminelle et l'hysté-
rique je suis tout cela, moi, et je puis déchaîner
tes sens jusqu'à la folie !

LEGRIS.

Non, non, pour une passade, on ne brise pas les résolutions de Legris !

MADELEINE.

Une passade ? Tu crois que je t'offre une passade ? Je t'offre toute ma vie, ne l'as-tu pas compris ?

LEGRIS, un temps.

Toute ta vie ?

MADELEINE.

Mais oui, mon amant me répugne à présent, il est lâche, il est faible, je veux un homme, je te veux ! Ah ! Les beaux exploits que nous accomplirons ensemble ! Comme je servirai tes entreprises ! Comme je me ferai broyer sans mot dire pour exécuter tes ordres ! Quel merveilleux instrument je serai dans ta main !

LEGRIS.

On peut faire quelque chose de toi, en effet, tu viens de me cuisiner avec une habileté !... Mais tu n'es pas sûre, demain le premier gigolot venu...

MADELEINE.

Eh bien ! Tu le materas ce gigolot, s'il se présente, et tu me rejetteras à tes genoux avec ta main de fer ! N'es-tu pas le souteneur, le bandit, le loup ?

LEGRIS, regardant Madeleine dans les yeux.

Alors, tu serais à moi, tout entière, sans condition aucune ?

MADELEINE.

Oui.

LEGRIS.

Je ne te rendrais jamais le dossier, je te préviens, quoiqu'il advienne !

MADELEINE.

Tu es mon maitre.

LEGRIS.

Tu cours toujours le risque de ma mort subite,
je te l'ai dit, coupable ou non, tu serais dénoncée.

MADELEINE.

Je le sais. Mais tu n'es pas un homme qu'on
supprime facilement toi! La fortune protège les
audacieux! Ah! Viens! Viens maintenant goûter
le plus brûlant, le plus affolant baiser de ta vie!

    Elle l'enlace et va pour le baiser sur la bouche. A ce
      moment, Henri secoue vigoureusement la porte où il
      est enfermé.

HENRI, au dehors.

Madeleine! Madeleine!

LEGRIS.

Tu m'as trompé? Ton amant n'était pas sorti, il
nous écoutait.

MADELEINE.

Ne crains rien, je l'ai enfermé.

HENRI, au dehors,

Ouvre-moi misérable! Ouvre-moi gredine! Ah!
Sois maudite!

        On entend un coup de feu.

MADELEINE, dans un cri de terreur.

Ah!... (Elle va ouvrir la porte.) Mon Dieu! Il s'est tué!
    Henri sort, le cou ensanglanté et va tomber au milieu
    de la scène, son revolver en main.

LEGRIS, se penchant sur Henri.

Crebleu. C'est vrai! Il a son compte ou presque...
la carotide est coupée.

MADELEINE, affolée, sur Henri.

Il n'est pas mort! Vite! Vite! Un médecin! Un médecin!

LEGRIS, très calme.

Bah! Ce n'est pas la peine, dans cinq minutes tu seras débarrassée.

MADELEINE.

Débarrassée! Mais c'est odieux, ce que vous me dites-là! J'aime Henri, je l'adore, je ne veux pas qu'il meure! Un médecin!

LEGRIS.

Ah! Je ne m'étais pas trompé, tu te moquais de moi tout à l'heure, tu jouais la comédie!

MADELEINE.

Le médecin! Au nom du ciel le médecin! Il perd son sang à flots, ses yeux se voilent! (Elle se relève.) Vous ne bougez pas bandit! J'y vais moi-même!

Elle veut s'élancer pour sortir.

LEGRIS, l'arrêtant.

Tu n'iras pas! L'occasion est belle, je serais stupide de ne pas en profiter! Cet homme-là nous a trahi et nous vendra tous demain, il faut le laisser mourir!

Lutte rapide pendant laquelle Madeleine parvient à se dégager en mordant furieusement Legris à la main.

MADELEINE.

Laissez-moi! Voulez-vous me laisser! Au secours... au sec...

Aussitôt dégagée elle saute sur le revolver d'Henri et vise Legris.

LEGRIS, très calme.

Tue-moi et tu es perdue! Songe au dossier... à mes amis...

MADELEINE, jetant l'arme et tombant à genoux.

Grâce! Grâce! Ayez pitié de nous! (Elle s'approche encore d'Henri, lui prend les mains, met son oreille contre son cœur, puis pousse un cri déchirant.) Ah! Il est mort! (Elle éclate en sanglots.) Il est mort... il est mort... Pardon, mon Henri, mon aimé, pardon! Je voulais te tromper, oui, malgré tout! Est-ce que je savais que tu aurais fait cela, moi? Je t'ai dit des paroles si dures tout à l'heure, mon Dieu! Je ne te verrai plus jamais, c'est fini! c'est fini!

LEGRIS, se préparant à partir.

Je vais chez le commissaire de police. Veuillez m'écouter un instant, je vous prie.

MADELEINE.

Non, allez-vous en, allez-vous en!

LEGRIS.

Je vous donne rendez-vous chez moi, demain matin à neuf heures, il me faut vous parler d'un voyage que nous devons faire ensemble... Du reste, je suis bien tranquille, vous viendrez!

Il sort.

MADELEINE, tendant le poing vers la porte par laquelle Legris vient de sortir.

Prie le diable que je ne sois pas un jour la plus forte!

Rideau.

ACTE CINQUIÈME

Le quartier du Chapeau Rouge.

L'intérieur d'un cabaret de matelots dans le quartier du
Chapeau-rouge à Toulon. Par une porte ouverte, au fond à
droite et par une grande baie, également ouverte et qui oc-
cupe presque tout le reste du fond, on aperçoit la rue bordée
à droite et à gauche par des petits cafés et des maisons publiques. Devant les portes, s'agitent, se battent et se disputent, pendant presque toute l'action, des filles aux costumes
bigarrés, des matelots, des souteneurs, des soldats.

Dans le café à gauche deuxième plan, une petite estrade
pour deux ou trois musiciens : premier plan droite, un comptoir
avec une porte derrière. Tables, chaises, becs de gaz au pla-
fond.

SCÈNE PREMIÈRE

MADAME BOUDOULE, M. BOUDOULE, MATE-
LOTS, SOLDATS d'Infanterie coloniale, NERVIS,
FEMMES de brasserie, MUSICIENS, ANATOLE,
EUGÈNE, LA POPINGE.

Au lever du rideau, les mandolinistes et guitaristes sont sur
l'estrade, ils jouent une danse et des couples très surexci-

tés tournoient. Aux tables, les autres clients de l'établissement boivent, plaisantent, se lutinent.

LES DANSEURS, et quelques autres chanteurs.

O ma Douna, lyera una viellya raou (*bis*)
Ana maïl décinquentan
Raou, taon, plaon, la viellya
Ana maïl dé cinquentan
Raou, taon, plaon. [1]

ANATOLE, la fin de la chanson et de la danse, à la Popinge
et à Eugène assis à la même table.

Y savent pas y faire à Toulon, l'quartier du Chapeau-rouge, ça vaut pas Ménilmuche. Eh ! La Popinge, Eugène, on va leur faire zieuter comment on gambille dans not'pat'lin !

LA POPINGE, et EUGÈNE.

Gy : ça va !

ANATOLE, à l'assistance et dominant le bruit.

M'sieur dames, voulez-vous t'y nous permettre d'en suer une d'Pantruche ?

GEORGETTE.

Oui, oui, laissez la place aux Parisiens !

DEUXIÈME MATELOT.

Trémoussez-vous un peu pour voir les gars !

PREMIER COLONIAL.

On va vous faire vis-à-vis, on est d'Montmertre mes poteaux !

---

1. On trouve la musique de cette chanson populaire (paroles de Bissini, musique arrangée par J. Tobon), chez H. Wykes, 49, rue Dauphine, Paris et chez Delrieu, 48, avenue de la Gare, Nice.

ANATOLE, aux musiciens.

Grattez nous un quadrille su' vos boyaux !

Les musiciens jouent un quadrille, les assistants ont
laissé une place vide au milieu de la salle, les trois
cambrioleurs et le marsouin exécutent un quadrille ex-
centrique. La femme soûle vont se mêler au quadrille.
Anatole la renvoie.

LA SOULARDE, allant s'assoir.

J'suis pas soûle ! J'ai bu qu'du sirop !

TOUS, à la fin du quadrille.

Bravo ! Bravo !

CARMEN, fort accent méridional.

Eh ! Qu'ils vont bien ces danseurs !

ÉGLANTINE, même accent, au patron.

Té, monseu Boudoule, vous devriez les engager
à l'année chez vous !

LA POPINGE, froissé.

On n'est pas des saltimbanques la môme, mais des
honnêtes travailleurs qui rigolent après l'turbin !

SCÈNE II

LES MÊMES, BUBUCHE.

BUBUCHE, entrant, à une femme qui est assise à la table des
cambrioleurs, la renvoyant.

Qué qu'tu fous là, la môme, près d'mon homme ?

LES TROIS CAMBRIOLEURS.

Tiens ! V'là Bubuche !

BUBUCHE, à la Popinge.

L'turbin ? Qué turbin ! Il en a un culot c't'enflé-

là ! Si t'avais pas Bubuche, tu t'les calerais tous
les trente-six !

ANATOLE, l'air furieux.

C'est-y qu'tu veux faire la journée d'huit heures,
pourquoi qu't'es pas au truc ? (A ce moment Sidonie et
Carmen se disputent. Intervention du patron.) J'en ai marre !
(A l'oreille de Bubuche.) J't'ai déjà dit qui fallait pas
t'montrer avec nous, j'ai mes raisons, tu f'rais rater ma combinaise ! (Haut.) Allez ! barre-toi !

BUBUCHE.

Ah ! C'soir j'y t'nais plus, fallait que j'vienne
prendre un verre avec toi pour m'donner du courage ! V'là trop longtemps qu'tu m'plaques mon
homme ! On t'voit juste dix minutes l'matin pour
faire les comptes.

ANATOLE.

Barre-toi, que j'te dis !

EUGÈNE, conciliant.

Allons, Anatole, faut pas être trop vache avec ta
môme, on va lui offrir une tournée, elle a bien ga-
gné ça !

LA POPINGE.

Surtout qu'c'est avec son pognon !

ANATOLE.

La ferme ! La Popinge ! Pour qui qu'tu vas nous
faire passer ? (A Bubuche, lui faisant signe de venir sur ses
genoux.) Viens t'asseoir là ! T'as cinq minutes !

BUBUCHE, se précipitant.

Oh ! mon Totole ! (Elle l'enlace.) Mon p'tit Totole !

LA POPINGE.

Tu r'grettes l'antruche, eh ! la Bubuche, t'es
comme mézigue !

BUBUCHE.

Sûr alors? Quand donc qu'on ira r'faire la bombe
à Billancourt ou à la grande Jatte l'dimanche ?

ANATOLE.

Te frappe pas la môme, ça r'viendra plus tôt
qu'tu n'penses.

BUBUCHE.

Tu t'rappelles quand on chantait ensemble.

Elle fredonne.

J'ai l'âme à la tendresse
J't'emmène à Billancourt

ANATOLE, continuant.

Viens ma belle gonzesse
Y'a fête au Point du Jour !

Pendant ce refrain, la soularde s'est levée et est venue
s'asseoir sur les genoux d'Eugène. Le bruit a gra-
duellement cessé.

LA SOULARDE, au milieu d'un grand silence.

J'ai l'âme à la tendresse
J't'emmène à Billancourt
Viens ma belle gonzesse
Y'a fête...

Un hoquet la secoue.

TOUS, riant.

Ah ! assez ! la ferme !

Le bruit continue.

LA SOULARDE.

J'suis pas soûle, j'ai un coup d'sirop !

LA POPINGE, à Anatole et à Bubuche.

Oh ! Dites donc, vous seriez rudement baths tous
les deux d'nous envoyer c'couplet-là, ça m'réchauf-
ferait les foies, j'ai l'mal du pays !

EUGÈNE.

Et puis, ça leur z'y en boucherait une surface à tous ces mocos-là, y savent goualer qu'en auvergnat !

BUBUCHE.

Oh ! moi, j'veux bien ! Tu veux, dis Totole ?

ANATOLE, que l'on sent fier de ses talents de chanteur.

J'suis pas très en voix... enfin... on va vous envoyer ça quand même.

EUGÈNE, à l'assistance, au milieu d'un bruit assourdissant.

Taisez un peu vos gueules ! (Silence général.) Y a des artiss's qui va chanter !

ANATOLE, à la soularde qui veut chanter.

Ta bouche mignature ! (Aux musiciens.) Allez ! envoyez-nous à « Billancourt », vous connaissez ça ?

Duo. [1]

BUBUCHE.

J'ai l'âme à la tendresse
Le printemps de retour
D'une tiède caresse
A réveillé l'amour.
Mon cœur est sans défense
Honni qui mal y pense
Le passant qui voudra
Je crois bien qu'il m'aura !

ANATOLE.

T'as l'âme à la tendresse
J't'emmène à Billancourt

1. Paroles de Jean Lorrain, musique de Fred. Mage. Paris, A. Bosc, éditeur, 8, rue Rochechouart.

Viens ma belle gonzesse !
Y'a fète au Point du Jour !
Je t'offr' une friture
Et si j'ai ma biture,
Sûr tu pardonneras
Aux biceps que voilà.

BIBUCHE.

Sous les feuilles nouvelles
Qu'nous r'gard'rons à l'envers
Avec des froufrous d'ailes
Tu me diras des vers,
Des vers qui vous chatouillent
Et qui partout vous mouillent
Des vers frais comme l'eau,
J'en ai l'frisson dans l'dos.

ANATOLE.

Oui ma p'tite gigolette
Je prendrai ma voix d'or.
Si t'as d'la bell' galette
Aies confiance en Victor :
Y en a pas deux comme
Ton gros chien, ton p'tit homme
Pour faire au boniment
Un' femm' de sentiment.

BIBUCHE.

Ah ! Ta voix me caresse
Partons pour Billancourt
J'suis ta femme, ta gonzesse,
Y'a fète au Point du Jour.
Tu me diras des choses
Où c'qu'on parle de roses,
D'oiseaux et de lilas.

ANATOLE.

Oui ma goss' t'en auras.

ANATOLE et BUBUCHE.

T'as }
J'ai } l'âme à la tendresse
J't'emmène à Billancourt
{ Viens ma belle gonzesse
{ J'suis ta femme, ta gonzesse
Y'a fête au Point du Jour
Je t'offr' }
Tu m'offr'} une caresse

                  } mon
Avec tout {   amour
                  } ton
{ T'es ma femm', ma gonzesse
{ J'suis ta femm', ta gonzesse
Y'a fête au Point du Jour !

TOUS, après avoir repris le refrain en chœur.

Bravo ! Bravo !

PREMIER NERVI.

Il a la note !

ANATOLE.

Un peu, mon frangin, si j'avais voulu, on m'aurait engagé à l'Opéra.

BUBUCHE, riant.

Seulement, t'aimais mieux être des, pas vrai ?

ANATOLE.

Allez gy, la môme, débine-toi maintenant !

BUBUCHE, l'embrassant.

Au revoir mon p'tit homme !

Bubuche sort.

SCÈNE III

Les Mêmes, moins BUBUCHE.

PREMIER COLONIAL, s'adressant à un matelot qui embrasse une femme.

Eh ! mon pays ! Faut en laisser pour les autres !

PREMIER MATELOT.

Bois ton taffia, militaire, et fous-moi la paix !

SIDONIE, qui embrasse le matelot, fort accent méridional.

De quoi qu'tu te mêles, grand fada !

GEORGETTE, même accent.

Il n'est pas descendu à terre depuis un mois, ça
l'a rendu galant le pauvre !

PREMIER COLONIAL.

Les mathurins ! C'est tous des cocus !

Les autres matelots se lèvent menaçants.

DEUXIÈME MATELOT.

Espère un peu l'marsouin, on va t'arrimer la
gueule !

Ils se battent.

EUGÈNE.

Chouette ! Y va y avoir un assaut d'boxe !

ANATOLE.

Et tout ça pour nos vingt ronds d'mêlé-casse !

OLYMPE, effrayée, fort accent méridional.

Ils vont se manger péchère !

Les musiciens se sont arrêtés de jouer. Tous se mêlent
à la querelle, les femmes crient.

DEUXIÈME MATELOT, relevant ses manches, et sur le
pas de la porte.

A l'appel les tribordais ! Et bourlinguez ferme !

PREMIER COLONIAL.

On est des pantruchards ici, et les brouissailleux,
on les enquiquine !

ANATOLE.

Ça, c'est bien envoyé !

Mêlée générale.

BOUDOULE, gros méridional, qui sert en manches de che-
mise, se précipite entre les combattants.

Remettez-vous coquin de bon sort, vous n'allez
pas encore tout casser chez moi !

MADAME BOUDOULE, assise au comptoir, à son mari, fort
accent.

Baptistin ! Appelle la patrouille !

PREMIER COLONIAL.

Quoi qu'elle dit la vioque ! La patrouille !

DEUXIÈME COLONIAL.

Faut la sortir !

TOUS, réconciliés par la même pensée.

Oui, oui, sortons-là !

Ils se précipitent sur madame Boudoule, l'arrachent de
son comptoir et l'entraînent vers la porte tandis que
les femmes poussent des cris. Eugène fait le mouvement de se joindre aux pertubateurs.

ANATOLE, le retenant.

Pas d'blague ! C'est pas nos oignons, on a aut'
chose à faire ici !

BOUDOULE, aux nervis qui sont restés.

Pitaluge ! Roumestan ! Barbarin ! Allez zou ! Dé-
fendez la patronne !

PREMIER NERVI.

Tant qu'on ne fait pas de mauvaises manières
aux petites, Boudoule, nous ne bougeons pas,
nous !

DEUXIÈME NERVI.

Si on lui dresse les jupes pour lui donner le fouet
à ta vieille, il n'y a pas d'mal !

PREMIER NERVI.

Sa vertu n'est pas en danger !

MADAME BOUDOULE, au dehors.

Au secours ! A l'assassin !

BOUDOULE, les mains dans les poches.

Tas de lâches que vous êtes !

PREMIER NERVI.

Té ! Laisse-là donc, ça lui rappelle sa jeunesse !

DEUXIÈME NERVI.

Après, elle va te demander un peu de l'amour,
tu vas voir !

TOUS, rentrent bras dessus, bras dessous, en chantant,

O ma louna, etc, etc...

BOUDOULE, à la porte, appelant sa femme.

Marguerite ! Marguerite !

DEUXIÈME COLONIAL.

Tu peux toujours l'appeler ta gonzesse, a s'est
barrée !

BOUDOULE.

Té ! la voilà qui revient avec la patrouille !

TOUS.

La patrouille !

DEUXIÈME COLONIAL.

Trottons-nous les gars !

TROISIÈME MATELOT.

C'est les biffins du 211, faut leur rentrer dedans!

PREMIER COLONIAL.

Non, non, allons chez Clémence !

PREMIER MATELOT, prenant deux femmes par la taille.

Emmenons les femmes!

PREMIER NERVI, au deuxième Nervi qui proteste.

Fais pas le couillon ! (Aux autres nervis.) Suivons-les, ils ont tous de l'argent ce soir !

Les soldats et les matelots prennent les femmes par le bras ou les hissent sur leurs épaules et sortent en reprenant à tue-tête : O ma Iouna ! etc. etc.

SCÈNE IV

BOUDOULE, LA POPINGE, EUGÈNE, ANATOLE, puis MADAME BOUDOULE.

BOUDOULE, quand le cabaret est vide.

Outre ! Ils ont bien fait d'aller prendre le frais ! J'allais me mettre en colère !

EUGÈNE, à ses amis.

Il a rien les foies blancs, c'gros sac-là !

ANATOLE.

Veux-tu la fermer! Eh fourneau! On a besoin de lui!

A ce moment entre madame Boudoule échevelée, la toilette en désordre.

MADAME BOUDOULE.

Bonne mère ! Je me meurs !

BOUDOULE.

As pas peur ! Ça ne t'empêchera pas d'aller manger la bouillabaisse au cabanon demain !

MADAME BOUDOULE.

Toi, je t'engage à parler, quand on laisse assommer sa pauvre femme !

BOUDOULE, entraîne sa femme, ils parlent à mi-voix, pendant que les cambrioleurs causent ensemble, très absorbés.

Pourquoi as-tu parlé de la patrouille à ces jeunes gens. Quand on te parle de la police à toi, est-ce que tu es contente ?

MADAME BOUDOULE.

La police ? Je finirai par lui raconter les choses qui se passent ici puisque tu me délaisses ! Tout ! Et tes affaires avec monsen Legris aussi !

BOUDOULE.

Tâche moyen de ne pas dire de couillonade, ou bien... (Il la frappe.) Va te mettre au lit, débarrasse le plancher !

MADAME BOUDOUDE, pleurant.

Le monstre ! Il me tue !

BOUDOULE.

Monteras-tu ? coquin de sort !

Il l'accompagne en la frappant. Elle sort.

LA SOULARDE. qui s'était endormie sur une table, se réveillant.

J'veux pas qu'on batte les femmes !

BOUDOULE, revenant.

Tâchez moyen de me foutre la paix la soularde !
Tenez, foutez-moi le camp !

> Il la sort à coups de pied dans le derrière, et rentre
> dans sa chambre, bruit de vaisselle cassée, la pa-
> trouille passe et emmène la soularde.

SCÈNE V

ANATOLE, EUGÈNE, LA POPINGE.

LA POPINGE.

Tu diras c'que tu voudras Anatole, mais c'est
du turbin tout ça ! Moi, j'ai le caractère ouvrier et
d'puis qu'on est dans c'pat'lin-ci, en dehors de la
bombe, on n'en fout pas un coup !

EUGÈNE.

Oh ! Non, tout d'même, c'qu'il a la sorbonne dure,
c'frère-là !

ANATOLE.

T'as pas encore pigé, je r'biffe ! Pendant huit
jours, on a cherché la gonzesse au dossier pour voir
si on pourrait pas lui bazarder les fafiots, c'était
nibé, on trouvait la peau ! V'là t'y pas qu'j'arrive
à savoir qu'à s'est trottée à Toulon avec l'micheton
à Bubuche, et qu'maintenant, elle est tout à fait
au pognon, on savait pas quand elle r'viendrait.
Y'avait pas à flancher, fallait radiner à Toulon.
Une fois dans l'patelin, j'trouve bien la gonzesse,
mais si bien gardée par son micheton qu'on peut
pas lui jaspiner un mot, ni même lui glisser une
babillarde. Heureusement l'gros bistro d'ici qui la

connait, m'dit qu'a vient quéque fois vadrouiller au
chapeau avec son pante, alors tous les soirs on les
attend ici, où il y a des chances d'pouvoir y faire.

LA POPINGE.

En attendant, on dépense d'l'auber et c'est tout !

ANATOLE,

T'en as du culot ! Et Bubuche qu'j'ai mise à turbiner dans une tôle à côté, est-ce qu'elle gagne pas
assez pour nous trois ?

LA POPINGE.

T'aurais mieux fait d'pas l'amener Bubuche, si
jamais l'mich'ton la reconnait, nous sommes poma-
qués.

EUGÈNE.

Il est pissant ! Et comment qu'on aurait briffé
alors ?

LA POPINGE.

On peut donc pas exercé not' méquier à Toulon ?
Moi, j'suis un brav' travailleur, j'aime pas vivre
des femmes !

ANATOLE.

C'est ça, pendant qu't'iras t'faire poisser par la
rousse, tu plaqueras ma combinaise où c'qu'on
peut assurer vingt-cinq à trente-mille balles !

LA POPINGE, alléché.

Non, tu crois ?

ANATOLE.

Ben, bien sûr, j'suis pas un bourgeois pour v'nir
sur la côte d'Azur en villégiature. Mais faudrait
songer à du sérieux. En restant ensemble, on pourrait les rater, y faut vous barrer tous les deux et
aller visiter chacun une tôle. Vous connaissez pas

la gonzesse, mais ça fait rien, y a pas trente-six
mille marquises d'la haute qui viennent s'ballader
au chapeau, si qu'vous en apercevrez une avec un
pante dans l'genre du micheton à Bubuche, v'nez
m'chercher, j'reste ici.

EUGÈNE, se levant.

Compris, on aura l'œil ! Tu t'aboules La Popinge !

LA POPINGE, en rechignant.

Ah ! J'en ai marre, moi, d'ce turbin-là !

ANATOLE, haussant les épaules.

Faut toujours qu'y rouspette ! Quand ça fait pas
d'la serrurerie, c'est plus bon à rien.

Eugène et La Popinge sortent.

SCÈNE VII

ANATOLE, dans le café, VIOLETTE, CLARA, au dehors. FEMMES de brasserie.

On entend une discussion en coulisse. Un cri de femme
assassinée. Un silence, puis un Nervi sort brusquement
d'une maison publique à droite en courant au lointain.

ANATOLE, entendant le cri, en scène.

Ah ! Bon Sang ! qu'est qu'c'est qu'ça ?

Le Nervi sort.

VIOLETTE, sortant de la maison publique et criant.

Au secours ! A l'assassin ! Au meurtre !

CLARA, apparaissant ensanglantée.

Tais-toi Violette ! Tais-toi ! on l'arrêterait. Je ne
veux pas... Je...

Tombe au lointain.

VIOLETTE, se précipitant et la tenant dans ses bras.

Ah ! mon Dieu ! la pauvre ! Ah ! mon Dieu !

Elle va chercher d'autres femmes de la maison publique
qui sortent et entourent Clara.

ANATOLE, en scène, allant regarder dans la rue.

Un coup de sion ! J'connais ça !

VIOLETTE.

Aidez-moi ! Je vous en prie ! Au secours !

ANATOLE, en scène.

Trop de trèpe !... Des histoires de poules, ce n'est
pas le moment d'se mêler d'ça ?...

Il va se rasseoir.

VIOLETTE.

C'est malheureux d'voir des choses pareilles !...
Un homme qui lui coûtait des mille et des cent.

CLARA, écume sanglante aux lèvres.

J'suis foutue !... Il m'a bien touchée... écoutez...
faut rien dire... C'est pas Marius !... Vous n'avez
rien vu !

VIOLETTE.

Aidez-moi à la rentrer !

Les femmes emportent Clara et rentrent dans la maison
publique.

ANATOLE, en scène.

J'crois qu'elle a son fade !

SCÈNE VIII

ANATOLE, seul. Prenant une lettre dans sa poche.

Si j'peux r'filer c'te babillarde à la Germaine, y

aura du pied, a trouv'ra bien moyen de s'mer son
type. (Il tire la lettre de l'enveloppe et la relit avec complaisance.) C'est plutôt torché ! J'ai acheté un dic-
tionnaire et une grammaire pour gratter ça. (Il lit
tout haut.) « Madame, nous avons entre les mains des
papiers très graves vous concernant, si vous désirez
les racheter, trouvez-vous demain matin, à neuf
heures, devant la porte de l'arsenal ». (Remettant
la lettre dans l'enveloppe et la fermant.) Quand on a
r'çu d' l'instruction, y'a toujours un moment où
qu'on en profite.

SCÈNE IX

ANATOLE, BOUDOULE.

BOUDOULE, rentrant très rouge.

Coquinasse de bonsoir ! Je lui en ai flanqué une
pâtée à cette garce de femme !

ANATOLE.

Eh ! Patron ! Ça va donc plus les affaires c'soir,
me v'la tout seul dans vot' cambuse !

BOUDOULE.

Té ! Quelquefois on reste demi-heure sans clients
et puis, bouffre ! Il vous arrive une bordée de braves enfants comme tout à l'heure.

ANATOLE.

Vous êtes pas rogneux, au moins ! Vous leur en
voulez pas d'avoir chahuté la mère Boudoule !

BOUDOULE.

Il n'y a pas de mal à remuer un peu le sang à
ce vieux dromadaire !

ANATOLE.

V'là qu'est parler! V's'êtes un gonze à la r'dresse,
les femmes vous font pas marcher !

BOUDOULE.

Je voudrais bien voir ça ! Je suis le président de
l'association des nervis du Var, pitchoun!

ANATOLE.

Ah! Mince! C'est l'triomphe d'la mutualité, à
Toulon! Quand c'est qu' les mecs de Paris y s'ront
syndiqués? Mais, dites donc patron, pour causer
d'autr' chose, vous blaguiez pas, hier, en parlant
d'la dame ?

BOUDOULE.

Quelle dame ?

ANATOLE.

La dame qu'est avec c'gros type qui s'appelle
Legris, j'crois ?

BOUDOULE.

Ah ! Oui, eh bé ! Qu'est-ce que je disais ?

ANATOLE.

Qu'vous étiez esbloqué d'pas les avoir vus ici
d'puis huit jours!

BOUDOULE.

C'est vrai, il n'y a pas de plus braves clients!

ANATOLE.

Vous trouvez ça naturel pour des types au pognon
de v'nir au chapeau ?

BOUDOULE.

Un peu, mon bon ! On ne compte plus les gens
du grand monde qui conduisent leurs légitimes visiter notre quartier !

ANATOLE.

La tournée des grands ducs, quoi !

BOUDOULE.

Mais le plus surprenant, ce n'est pas de rencontrer cette dame dans mon café, c'est de voir l'intérêt que vous lui portez !

ANATOLE.

Ça, mon vieux, c'est pas ton blot, t'es trop curieux !

BOUDOULE.

Vous pouvez bien causer un peu avec papa Boudoule, il a l'expérience, il saurait des fois vous donner un bon conseil.

ANATOLE, à part.

Tiens ! Plus souvent que j'vas m'laisser cuisiner par toi, mon colon !

BOUDOULE.

Vous savez, monsen Legris est très jaloux, il surveille beaucoup sa compagne, il va même jusqu'à lire ses lettres, paraît-il. Personne ne peut lui parler à la belle petite !

ANATOLE, à part.

A qui l'dis-tu ?

BOUDOULE.

Eh bé ! Je peux souffler un mot pour vous, au besoin glisser un bout de billet !

ANATOLE, à part et tâtant la lettre dans sa poche.

Tiens ! Pourquoi pas ? (se ravisant.) Non, vaut mieux faire son turbin soi-même ! (A Boudoule.) Patron, c'est des histoires de cœur que j'ai avec c'te gonzesse et vous savez, dans ces histoires-là, y a pas besoin d'un quatrième à la manille !

BOUDOULE.

Comme vous voudrez, mais vous avez tort, car moi, je suis bien brave et oblige volontiers les gens !

ANATOLE.

Alors, si vous voulez être un frangin, mettez-y un cadenas et ne dites pas que vous me connaissez !

BOUDOULE, regardant au dehors.

Té ! Les voilà justement !

Anatole cache sa tête dans ses bras et fait semblant de dormir sur la table.

SCÈNE X

LES MÊMES, MADELEINE, LEGRIS.

Legris et Madeleine entrent.

BOUDOULE, les saluant.

Eh ! adieu, monsieur Legris ! Mes respects, belle dame !

LEGRIS.

Bonsoir Boudoule ! C'est un tombeau chez toi ce soir ? Pas un musicien, pas un danseur, ni même la moindre grognasse, on a donc donné un coup de filet là-dedans ?

BOUDOULE.

Oh ! Pardi pas ! Si vous étiez venu plus tôt, vous auriez vu de la société et qui faisait du bruit, je vous assure. Mais remettez-vous un moment, les clients vont revenir.

LEGRIS, bas à Boudoule.

Rien de nouveau ?

BOUDOULE, désignant Anatole qui dort toujours, à mi-voix.

Si, là-bas !

LEGRIS.

Ah ! Tu l'as fait parler ?

BOUDOULE.

Pas beaucoup. C'est lui qui m'a questionné sur madame Madeleine !

LEGRIS.

Bon ! Je tiens mon homme !

BOUDOULE, haut.

Que voulez-vous prendre ? Café cognac pour vous, monsieur Legris. hé ? (A Madeleine.) Et vous, belle dame ?

MADELEINE, nerveusement.

N'importe... Rien...

BOUDOULE.

Un peu de la limonade, té ?

MADELEINE.

Non, laissez-moi tranquille !

BOUDOULE.

Ne vous fâchez pas, coquin de sort, on dirait que je vous fais de mauvaises manières !

Pendant que Boudoule sert le café.

MADELEINE, à Legris.

Pourquoi m'entraînez-vous encore ce soir dans les bouges ? Que vous me torturiez pour servir vos

desseins, je le comprends encore. mais cela, c'est
de la cruauté inutile.

LEGRIS.

Détrompez-vous, mes affaires m'obligent à vous
conduire ici.

MADELEINE.

Je suis à Toulon pour rejoindre M. Vautel et le
faire tomber dans un nouveau piège, et non pour
fréquenter les matelots et les filles !

LEGRIS.

Vous êtes à Toulon pour m'obéir sans murmurer
comme partout ailleurs du reste !

MADELEINE.

Dire que nous habitons la même villa, que je
passe pour votre maîtresse !

BOUDOULE, servant le café.

Versez ! Tout chaud et tout bouillant !

LEGRIS, considérant Anatole qui a relevé la tête et fait mine
de s'éveiller.

Tiens ! Mais je connais cette tête-là !

MADELEINE, le reconnaissant.

Le garçon de l'hôtel Couston !

ANATOLE, saluant.

Pardon ! Y m'semble remettre ces m'sieur, dame.
(se présentant.) Anatole ! le garçon de la tôle à Julot !

LEGRIS.

Enchanté de vous rencontrer, mon ami. Vous vivez dans un port de mer, maintenant, l'eau douce
ne vous disait plus rien.

ANATOLE.

Oh ! Maint'nant j'suis d'venu rupin, j'fais un bath méquier !

LEGRIS.

Et lequel donc ?

ANATOLE.

J'suis placier en cartes à jouer pour vieux messieurs !

LEGRIS.

Fichtre ! Vous avez monté en grade !

ANATOLE.

Voulez-vous regarder mes échantillons ?

LEGRIS.

Certainement, avec plaisir !

ANATOLE, tirant des cartes de sa poche et en élevant une
à la lumière.

T'nez, faut zieuter, comme ça, bien dans la lumière du bec ed'gaz !

LEGRIS, souriant.

Je vous remercie du renseignement, je sais très bien jouer avec ces cartes-là ! (Il prend le jeu de cartes et fait semblant d'en examiner une. Il sort en même temps un miroir de sa poche qu'il élève avec la carte à hauteur de son œil et voit ce qui se passe derrière lui. Anatole derrière son dos le croyant bien occupé, fait signe à Madeleine et lui remet la lettre. Au même moment, Legris se retourne sortant un revolver de sa poche qu'il braque sur Anatole.) Toi ! Pas un mot ! pas un geste ou je te brûle ! (A Madeleine qui a caché la lettre.) Veuillez me donner la lettre que cet homme vient de vous remettre ?

MADELEINE.

Mais...

LEGRIS.

Ah! Dépêchez-vous, n'est-ce pas ?... Allons! (Madeleine lui remet la lettre, il la lit.) Maintenant, rentrez à la maison immédiatement et par le plus court chemin!

MADELEINE.

Vous êtes fou! Je ne "peux pas circuler toute seule à cette heure et dans un quartier pareil!

LEGRIS.

C'est dangereux, en effet, mais il m'est impossible de vous accompagner, il faut que je cause avec cet individu!

BOUDOULE.

Si vous voulez, monsieur Legris, je peux...

LEGRIS.

Non, reste Boudoule, j'ai besoin de toi!

ANATOLE, à part.

C'sont deux aminches, j'suis foutu!

MADELEINE.

Il me semble que vous êtes assez sûr de moi, je puis écouter sans inconvénient votre conversation?

LEGRIS.

Ah! ça! Depuis quand discutez-vous mes ordres? Allez! et n'essayez pas d'écouter à la porte ou sinon...

Madeleine rageuse, sort.

SCÈNE XI

ANATOLE. LEGRIS, BOUDOULE.

LEGRIS.

Vivement, Boudoule, fouille-moi ce gaillard-là !
(Anatole fouille dans sa poche, Legris le vise toujours.)
Haut les mains ou je tire ! Allons ! Les mains en
l'air !

ANATOLE, levant les bras.

Ah ! Sale flic ! Si jamais tu rencontres un d'mes
poteaux !

LEGRIS.

Ils auront leur tour aussi tes copains ! Ça vous
apprendra à venir travailler chez Legris ! (A Boudoule qui fouille Anatole.) Que trouves-tu ?

BOUDOULE, tirant un couteau.

Un couteau !

ANATOLE, d'un ton navré.

Mon beau lingue ! Un cadeau d'Bubuche !

BOUDOULE, même jeu.

Un peu de tabac, une pièce de cent sous...

LEGRIS.

Dans les poches intérieures du veston, cherche
bien...

ANATOLE.

Oh ! Y a pas d'chèque ! Quand il aura fini d'm'ex-
plorer les profondes ! Oh ! C'que la police est mal
faite !

BOUDOULE,

Il n'y a plus rien !

LEGRIS.

Bon ! donne-moi le couteau ! (Boudoule le lui donne.)
Maintenant, mets les volets, ferme la boutique
pour que nous soyons chez nous. (Boudoule va exécuter
l'ordre.) Tu n'avais pas le dossier sur toi, naturellement, où est-il ?

ANATOLE.

Qué dossier ? J'pige nib' à c'que vous m'gona-
lez ?

LEGRIS.

Ne fais pas l'idiot. (Lui montrant la lettre.) Les papiers que tu proposais dans cette lettre, où les ca-
ches-tu ?

ANATOLE.

Qu'est qu'ça peut vous faire ?

LEGRIS.

Tu te payes ma tête ? Je vais employer les
moyens énergiques, je te préviens !

ANATOLE.

Ecoutez, si au lieu d'faire l'zigoteau avec mézigue, vous vouliez vous entendre en copain, on
pourrait voir...

LEGRIS.

Tu voudrais que je te rachète ce que tu m'as
volé ?

ANATOLE.

J'vis pas d'l'air du temps, j'demande le salaire
du travailleur !

LEGRIS.

Tu as un joli culot, par exemple!

ANATOLE, modeste.

Oh! Juste c'qui faut, pas plus!

LEGRIS.

Allons! Assez blagué comme ça! Dis-moi où est le dossier si tu tiens à ta peau.

ANATOLE.

Ma peau? Quand j' s'rais zigouillé, à quoi qu'ça vous avancerait? Vous auriez une sale histoire sur les bras, v'là tout!

LEGRIS.

C'est juste, aussi je vais me contenter de te faire parler.

ANATOLE.

Ben, mon colon! Vous pouvez attendre jusqu'à la saint glin, glin!

LEGRIS.

Tu crois?

ANATOLE.

Un peu! J'ai pas grinché des fafiots de c'te valeur pour vous en faire cadeau, ça s'rait trop poire!

LEGRIS.

C'est ton dernier mot? Soit! (A Boudoule qui est rentré.) Il n'y a personne chez toi, là-haut?

BOUDOULE.

Oh! ma femme seulement.

LEGRIS.

Elle n'aura pas peur d'entendre crier un peu?

BOUDOULE.

Il y a beau temps que les gueulements ne la
troublent plus, nous en avons trop l'habitude ici!

ANATOLE, épouvanté.

Mais y vont m'faire la peau! A moi! Au secours!
A l'assassin!

BOUDOULE.

Tu peux pousser ta note, va! Quand la boutique
est fermée, le son ne file pas dehors, et puis, au
Chapeau, c'est tous les jours qu'on appelle au secours!

Anatole saisit une chaise et fonce sur Legris, mais il est
vite désarmé et couché sur une table.

LEGRIS, à Boudoule.

Attache-lui les pieds, moi, j'ai toujours ce qu'il
faut sur moi pour les mains!

Il passe un cabriolet aux mains d'Anatole.

ANATOLE, râlant de rage.

Tas de cochons! Tas de vaches! Au secours!

LEGRIS.

Dis-moi où sont les papiers et je te relâche tout
de suite!

ANATOLE.

Non! Crevez-moi! J'dirai rien!

LEGRIS, à Bouloule.

Va me chercher ton réchaud! Nous allons faire
une belle grillade de cochon!

BOUDOULE.

Comment ça, une grillade ?

LEGRIS.

Tu verras, dépêche-toi ! (Bouloule, va chercher le réchaud.) Mon ami, ne te figure pas que ta dernière heure est venue, je n'ai pas l'intention de te refroidir, mais de te faire gazouiller un peu seulement !

Boudoule apporte le réchaud.

ANATOLE, inquiet.

Qu'est-ce que vous allez fabriquer ?

LEGRIS, à Boudoule.

Déchausse-le, mets-lui les pieds nus !

Boudoule exécute l'ordre et place les pieds nus d'Anatole sur le réchaud.

ANATOLE, hurlant.

Aïe! Oh! là là! Oh! là là! Assez!

LEGRIS.

Halte !

Boudoule écarte le réchaud.

ANATOLE.

Ah ! les vaches!

LEGRIS.

Veux-tu me dire où sont les papiers, maintenant ? Tu vois, c'est très gentil ce petit jeu-là, nous continuerons tant que tu voudras.

ANATOLE.

Ah ! Vache! Ah ! Crapule! Vous m'crèverez, j'vous dis, j'parl'rai pas !

LEGRIS.

Bon, recommençons !

Boudoule approche le réchaud.

ANATOLE, en proie à d'horribles souffrances.

Ah! Bon sang! Non! J'peux plus! Arrêtez. j'vas tout dire!

LEGRIS.

Stop!... (Boudoule écarte le réchaud.) Je t'écoute,
mon ami. Et surtout ne mens pas, car nous vérifie-
rons tes déclarations immédiatement.

ANATOLE.

Eh ben! Le dossier à Madeleine Baranti est dans
ma chambre, à côté, au 15, sous mon matelas, vous
pouvez aller voir !

> Legris va pour sortir quand il entend au lointain le chant
> de O ma louna, etc., etc... Anatole qui a entendu éga-
> lement veut crier au secours. Boudoule le serre à la
> gorge, Legris éteint une bougie posée sur le comptoir et
> menace Anatole de son revolver. Les chants se rappro-
> chent. Quand la foule est arrivée près de la boutique,
> elle tape à la devanture en criant : Eh Boudoule ! Ouvre
> donc ! La foule, convaincue qu'il n'y a plus personne,
> s'en retourne en chantant le refrain provençal. Le ri-
> deau baisse lentement. A ce moment Legris et Bou-
> doule lâchent Anatole.

Rideau.

ACTE SIXIÈME

Vengeance de femme.

La chambre à coucher de Legris dans sa villa de Toulon.
A droite, un lit dont la tête est appuyée à la muraille. Au
fond une fenêtre à deux battants qui ouvre sur un petit balcon. A gauche, premier plan, une cheminée, deuxième plan,
une penderie à vêtements dissimulée par un rideau à tringle.
Une table pour écrire. Chaises et fauteuils, table de nuit à
droite de la tête du lit. Bougeoir sur la table à écrire. Lampe
sur la cheminée. Un téléphone à gauche accroché à la muraille. A droite, deuxième plan, la porte d'entrée. Au lever
du rideau tout est éteint, la fenêtre est ouverte et l'on aperçoit le ciel criblé d'étoiles.

SCÈNE PREMIÈRE

MADELEINE, seule.

La scène est d'abord vide, puis on voit Madeleine escalader
le balcon et repousser une échelle qui retombe dans le
jardin par où elle est venue.

MADELEINE.

Heureusement que la fenêtre était ouverte et
que j'avais l'échelle du jardinier! Il me faut cette

lettre ! Quand il sera couché je la prendrai dans
ses vêtements. (Elle cherche autour d'elle un endroit pour
se cacher. Elle avise le rideau de la penderie.) Ah ! ce
rideau !

> Elle se cache derrière le rideau. La scène est vide une
> seconde, puis on entend la clef tourner dans la ser-
> rure de la porte qui s'ouvre. Legris entre.

SCÈNE II

LEGRIS, MADELEINE cachée.

> En entrant, Legris allume l'électricité et jette le dossier sur
> la table.

Je l'ai ! Ça n'a pas été sans peine ! Mais il n'y a
pas une minute à perdre. (Il sonne au téléphone, il attend un moment.) Il dort profondément le gaillard !
(On répond.) Ah ! (Il parle dans l'appareil.) Allô, monte
tout de suite dans ma chambre, Loiseau. (Il accroche
le récepteur, puis il se met à compulser le dossier.) Il n'y
a pas la moindre erreur, c'est bien mon dossier et
complet. (On gratte à la porte.) Entre, mon ami, entre !

> Loiseau entre en négligé.

SCÈNE III

LECRIS, LOISEAU, MADELEINE cachée.

LOISEAU.

Excusez-moi de n'avoir pas répondu plus tôt, je
dormais si bien !

LEGRIS.

Aurais-tu de nouveau goûté des crus spéciaux ?

LOISEAU.

Ah! Vous êtes cruel, patron, je maudis bien assez ma sottise, il est superflu de me la reprocher encore.

LEGRIS.

Je ne te la reprocherai plus, car elle est réparée.

LOISEAU, étranglé par la joie.

Rép...

LEGRIS.

Oui! Tiens! Regarde! (Il lui montre le dossier sur la table.) Voici les papiers qu'on m'avait volés.

LOISEAU.

Ah ! Bon sang! De bon sang! Quelle veine! Et les filous! ?

LEGRIS.

C'est justement à leur sujet qu'il me faut te donner des ordres. Tu vas te rendre immédiatement au café Boudoule, tu sais dans le quartier du Chapeau rouge où tu es venu me trouver une fois ?...

LOISEAU.

Oui, je me souviens très bien.

LEGRIS.

Bon. Tu prendras en filature trois individus que Boudoule te désignera. Il faut que tous les trois disparaissent discrètement dans les vingt-quatre heures, il y va de ma propre peau.

LOISEAU.

De votre peau patron! Alors vous pouvez être

tranquille, le travail sera bien fait. Je m'habille et
je file.

Il va pour sortir.

LEGRIS, le retenant

Attends une minute, j'ai autre chose à te dire.
Aussitôt que le télégraphe sera ouvert tu enverras
cette dépêche à Lelong. (Il prend une plume et du papier et réfléchit.) Inutile après tout d'employer le
style conventionnel. (Il écrit.) *Ai retrouvé dossier Madeleine, venez l'un de vous chercher suite. Legris.*

LOISEAU.

Quelle adresse faut-il mettre, l'adresse de Lelong
ou la nôtre ?

LEGRIS.

La nôtre puisque Lelong dirige la maison de
commerce en mon absence.

LOISEAU.

Ah! Patron, pourvu que nous ne trouvions pas
trop de désordre quand nous reviendrons!

LEGRIS.

Sois tranquille, notre ami est sérieux et puis nous
allons regagner Paris dans peu de jours, je suis sur
le point de terminer l'affaire qui m'a fait venir à
Toulon. Allons, va t'habiller et sauve-toi! Tu m'as
bien compris ?

LOISEAU.

Oui, oui, ne craignez rien!

Il sort.

SCÈNE IV

LEGRIS, MADELEINE cachée.

LEGRIS, tapant sur le dossier.

Et maintenant plus que jamais, elle va marcher!
Demain, elle sera la maîtresse de Vautel et... je
me charge du reste. (Allant à la fenêtre.) Ouf! Il fait
une chaleur... Pourtant j'aime mieux fermer la
fenêtre, je suis payé pour être prudent. (Il se met en
devoir de fermer la fenêtre. Ses yeux se portent alors sur
le plancher.) Tiens! Tiens! Voilà qui est curieux.
(Il se baisse et regarde de plus près.) Mais oui, ce sont
des traces de pas... le sable du jardin! On est entré
chez moi par la fenêtre. (Il va sur le balcon et regarde
dans le jardin.) Pardi! L'échelle du jardinier est au
pied de la maison. Nous allons bien voir! (Il regarde
sous le lit puis va droit à la penderie et tire le rideau. Il
découvre Madeleine.) Vous! C'est vous! Qui avez pé-
nétré dans ma chambre de cette façon!

MADELEINE.

Oui, c'est moi, je voulais vous reprendre la lettre
que vous m'avez arrachée au café Boudoule!

LEGRIS.

Ah! Fort bien! Je vous félicite de votre audace,
elle vous a permis d'entendre ma conversation de
tout à l'heure. Eh bien, oui, ma petite, je n'avais
plus d'armes contre vous depuis longtemps, vous
pouviez fuir avec votre amant ou tout au moins
risquer cette aventure, peut-être auriez-vous sauvé
votre vie en prenant quelques précautions. Main-

tenant c'est fini, j'ai retrouvé mes atouts et la partie continue !

MADELEINE.

Ah ! Quel bourreau êtes-vous Legris ! Pourquoi vous acharner ainsi sur moi ! Je n'ai pas cessé de servir vos desseins. Mon épouvantable supplice attendrirait le plus endurci des criminels ; vous avez fait planer sur moi une terreur constante... vous avez tué mon amant et maintenant encore vous me forcez, malgré ce drame tout récent, à jouer auprès de Charles Vautel la plus ignoble des comédies.

LEGRIS, railleur.

Vous la jouez si bien la comédie !

MADELEINE.

Grâce ! Faites-moi grâce ! Brûlez ce dossier avant qu'un de vos complices ne vienne de nouveau l'emporter !

LEGRIS.

Vous voulez rire ! J'ai risqué ma vie pour le reconquérir !

MADELEINE.

Je vous jure que je resterai quand même un complice fidèle. (Désignant le dossier.) Il est là, à deux pas de moi cet instrument de torture ! Oh ! Rendez-le moi, dites, rendez-le moi !

LEGRIS, riant.

Ah ! ah ! ah ! Si je n'avais pas aperçu vos traces sur le tapis, et si je m'étais couché tranquillement, j'avais de grandes chances pour ne jamais me réveiller, hein ?

MADELEINE.

Vous savez bien que je n'ai pas d'armes !

LEGRIS.

Bah ! Un oreiller, une ficelle... n'importe quoi. C'est si facile de supprimer un homme endormi ! Mais maintenant abandonnez l'espoir d'utiliser les courts instants pendant lesquels ma mort pourrait vous rendre libre, jusqu'à ce que j'ai remis le précieux dossier entre les mains de mes amis, je resterai debout et bien éveillé. Vous pouvez aller vous mettre au lit, croyez-moi ! (Madeleine se dirige lentement vers la porte en jetant un dernier regard d'envie au dossier, la rappelant.) Une minute encore ! Voulez-vous prendre la plume, je vais vous dicter une lettre qu'il faudra faire remettre à Vautel demain matin à la première heure. Asseyez-vous ! (Madeleine revient s'asseoir et retire son chapeau. En retirant les épingles, qu'elle pose sur la table, son regard va de l'épingle à la bague dont il a été question au troisième acte. Profitant d'un moment où Legris lui tourne le dos, elle trempe la pointe de son épingle dans le chaton. Legris pendant ce temps est accoudé à la cheminée cherchant différents papiers, dans son portefeuille, nécessaires à la rédaction de sa lettre.) Ecrivez : *Mon cher Charles, j'ai presque le droit maintenant de vous nommer ainsi, depuis notre dernière entrevue, un rayon d'espoir m'a visitée, je sens que vous vous décidez à vaincre...* (Madeleine a pris la plume mais n'a pas écrit un mot, elle a préparé l'épingle à portée de sa main. Legris cesse de dicter un moment, puis.) Non, ce n'est pas tout à fait ce qu'il faut, relisez donc ma phrase !

MADELEINE.

Cela me serait impossible, je n'ai rien écrit.

LEGRIS.

Vous dites ?

MADELEINE.

Je dis que je suis lasse de me prêter à cette basse
intrigue !

LEGRIS.

Oh ! Ne recommençons pas les récriminations
n'est-ce pas ? Écrivez et tout de suite.

MADELEINE, feignant la colère.

Ah ! gredin ! Ah ! sale bête !

En disant ces mots, elle le pique furieusement à la main.

LEGRIS, secouant sa main.

Aïe ! Soyez donc un peu moins nerveuse ! Avec
vos colères enfantines, vous allez me faire perdre
le fil de mes idées. Reprenons, et cette fois-ci écrivez de bonne grâce, je vous en prie. (Il dicte.) *Mon
cher Charles, j'ai presque le droit maintenant, de vous
nommer ainsi, depuis notre dernière entrevue, un rayon
d'espoir m'a visitée.* (S'interrompant.) Ah ! cette chaleur
est intolérable ! On manque absolument d'air. (Il
veut continuer à dicter.) *Un rayon d'espoir m'a visité.* (Il
s'interrompt encore et cette fois-ci parle d'une voix altérée.) Qu'est-ce que j'ai ? Mais qu'est-ce que j'ai
donc ?

MADELEINE.

En effet, vous changez !

LEGRIS.

Mes jambes plient sous moi... (Il laisse tomber le
dossier sur le lit.) Je suis glacé... Je n'ai pourtant
rien pris, rien bu... (L'esprit traversé par une lumière
soudaine.) Ah ! Catin ! L'épingle ! Tu viens d'empoisonner l'épingle ! (Il veut marcher sur Madeleine, mais il
ne peut pas.) Je suis foutu ! c'est fini ! Je ne peux pas !

(Se précipitant tant bien que mal vers la porte.) Loiseau ! Loiseau !

MADELEINE, pendant qu'il est sorti.

Ah !...

Elle se précipite sur le dossier qu'elle ne lâche plus.

LEGRIS, revenant, les mains tendues vers Madeleine comme pour l'étrangler.

Tu y passeras avec moi.

Il tombe sur le tapis.

MADELEINE, avec un rire de triomphe.

Enfin ! Ah ! ah ! ah ! Enfin ! Je vais donc éprouver la plus immense joie de ma vie ! Je respire ! La main qui m'étreignait la gorge se desserre ! Te souviens-tu crapule, de celui que nous avons torturé tous les deux, Entends-tu encore ses cris déchirants derrière la porte ? Revois-tu sa pauvre tête d'où le sang coulait, coulait... peut-être l'aurait-on sauvé, mais tu m'as retenue, je n'ai pas pu aller chercher du secours... et j'ai regardé impuissante mourir mon Henri. mon amant, mon adoré... (Elle se penche sur Legris qui est en proie aux dernières convulsions de l'agonie.) Crève ! crève ! Mais crève donc ! Je me moque de toi, de vous tous maintenant, tiens regarde ! Regarde avec tes derniers regards ! (Elle prend le bougeoir sur la table, met le dossier dans la cheminée et y met le feu.) Il flambe ! Il flambe l'horrible dossier ! Il se réduit en cendres et toute ton œuvre diabolique s'évanouit avec lui ! (Elle se penche de nouveau sur Legris.) Tu respires encore ! Tant mieux ! J'ai autre chose à te dire pour compléter ma vengeance... Les hommes que j'ai vus chez toi, je sais leurs noms, ils s'appellent : Sandrin, Lelong, Dubal, Loiseau, indirectement je les dénoncerai, je les ferai arrêter quand je serai à l'abri, moi, dans un pays lointain, entends-tu ? Tes amis, tes amis qui avaient une aveugle confiance en toi, ils seront trahis, trahis! Entends-tu ?

LEGRIS, fait un effort surhumain aux dernières paroles de Madeleine et râle ces mots entrecoupés.

Non... non... jamais... Sandrin... Lelong... trahis... jamais...

Il meurt.

MADELEINE, elle pousse un cri de joie sauvage, se met au balcon et respire à longs traits l'arome de la nuit.

Libre! Par cette douce nuit d'été, je suis libre!

Rideau.

FIN

Imprimerie Générale de Châtillon-sur-Seine. — A. PICHAT.